教師のための教育相談
日常から子どもに向き合うインクルーシブな発達支援

西本絹子

萌文書林

はじめに

本書の特徴

教師が学校で日常的におこなう「育ちへの支援」とは何かを明らかにする

　今日、子どもたちの育ちには、社会の変容とともに、いじめや不登校、社会性の未熟さ、発達の偏りや障害、貧困化や児童虐待など、さまざまな危機が指摘されています。それと同時に、子育ては、それに対する支援が追いつかないほど困難な課題となる一方です。

　このような状況のなかで、子どもたちと日々かかわり、指導する立場にある教師は、子どもの育ちを最前線で支える存在です。教師には、「学習指導」と「子どもの育ちへの支援」をパワフルな両輪とし、しっかりと絡み合わせながら教育実践を進めていくことが、今後ますます求められていくでしょう。

　教育相談とは、「子どもの育ちへの支援」を目的とする教育方法であり、教育実践の枠組みです。それは、しばしば誤解されるような「教師がカウンセリングをおこなうこと」「カウンセリングマインドをもって相談・面接する方法」などではなく、**教師が学校という生活の場のなかで、教育実践の一環として日々おこなう、すべての子どもの豊かな発達を実現するための支援**です。しかしながら、そのような立場と内容を明確に記したテキストはあまりみられません。本書は、日常の発達支援としての教育相談に必要となる、諸理論と支援方法の基礎を記述しました。

　また、今日の子育て困難社会において、学校や教師には、保護者や家庭への支援も期待されています。保護者への支援とは、保護者や家庭の成長を支え、保護者が、学校や地域社会などとたくさんのネットワークを結び、そのなかで子どもを育てていくことのできる存在となるよう、サポートすることです。本書では、この難しい課題に対して、教師として備えるべき専門性を記述しました。

「発達の視点」を支援の考え方の核とする

　子どもを導きその発達を支援する教師として、子ども理解に際して携えたい専門性が「発達の視点」です。発達の視点とは、子どもの発達の道筋や、それぞれの時期の特徴を理解するということだけではありません。

　第1に、子どもを、生涯発達のなかで未来に向かって変わりゆく存在とみることです。問題は、それを乗り越えることで次の発達に進むからこそ現れると考え、子どもの可能性をとらえます。いわば、縮んだばねは、異常を抱えるのではなく、伸びるために縮む、とみる考え方です。

　第2に、子どもの姿は、個としての育ちに、学校や、そのなかの教師や友だちとの関係、教育実践のありかた、地域社会、家族といった環境がダイナミックに相互作用しながら現れているととらえます。

　第3に、子どもは、「問題のある子ども・障害のある子ども」と、「問題のない子ども」として2分割されるのではなく、誰しもが、環境によって、問題やそのきざしを現したり、より良い育ちに向かったりするもの（**インクルーシブである**）とみることです。インクルーシブな支援とは、どんな子どもにも支援ニーズがあるとみて、一人ひとりの個の育ちや主体性を大切にする支援です。かつ、問題を抱えていても、強いところや伸びようとする力を併せもつ、とみます。

　本書は、これらの見方から、どのように子どもを理解したら良いのか、学校でできる実践とはどういうことか、を考えます。この視点を学ぶことによって、子ども理解への大きな資源が得られることを期待します。

本書の内容

　本書では、各章の初めに、章の内容に関するエピソードを示し、まず読者が自身の今の考えや経験に照らして答えるように、問いを立てています。問いと自身の答えを念頭に置いて、読み進んでください。章の最後に、問いに対する考え方を示しました。

　序章では、今日の子どもをめぐる危機的な状況を整理し、教師に求められる支援の役割や立ち位置を俯瞰しました。

第1章では、教育相談とは何かを理論的に整理しました。

第2章から第4章では、相談援助の技法のひとつであり、また、教育実践に際して携えておきたい「カウンセリングマインド」の考え方とその背景にある理論の基礎を説明し、技法の基礎を具体的に学べるようにしました。ここには、保護者への対応の際に基本となる事柄も入れました。

第5章から第7章では、子ども理解の方法として、発達の視点とは何か、問題をどのようにアセスメントする（見立てる）か、問題行動をどのようにとらえるか、を取り上げました。いわば、本書の考え方の核となる事項をていねいに説明しています。

第8章から第11章では、いじめ・不登校・特別な支援を必要とする子ども（発達障害や、発達の偏りがあるなどの気になる子ども）を取り上げ、できるだけ最新のデータに基づきながら、実態をどのように理解し、支援をおこなうかに関して記述しました。

第12章と第13章は、保護者対応の応用編です。障害のある子どもや発達の気になる子どもの保護者、無理難題を要求する保護者などに対して、どのように理解し支え合う関係をつくっていくかを説明しました。そして、子どもの貧困や養育困難家庭の増加、児童虐待の問題に対して、理解と対応の基礎を記述しました。

なお、本書に出てくる事例やエピソードは、すべて筆者が臨床の現場において実際に出会ったものです。掲載に際しては、複数のケースを組み合わせたり、本質にかかわらない細部を改変したりしています。

本書が、教師をめざして勉強している学生の皆さんはもとより、日々、子どもと真摯に向き合い、実践を練っておられる現場の教師の方々、学童保育指導員や児童館職員の皆さん、その他教育にかかわる方々にとって、少しでも実践のヒントとなり、長く活用していただけたら幸いです。

西本絹子

目次

003　はじめに

011　序章　現代の子どもと子育てをめぐる状況と教師に求められる役割
ワーク0　ひとりの子どもを育てるには○○が必要
1. 今日の子どもと子育てをめぐる問題
1-1 子育て困難社会の進行—子どもを育てる養育環境の貧困化・変容／
1-2 子育ての階層性—子育てに手の回らない家庭・保護者の教育投資の
階層性・放課後の貧困／1-3 困難の複合—発達の偏りや脆弱さのある子
どもの増加と児童虐待／1-4 どんな子ども・家庭にも必要なユニバーサル
な支援—子どもの発達支援を最前線で担う教師として
2. ワーク0の答え

019　第1章　教育相談とは何か——教師のおこなう教育相談の役割・特徴
ワーク1　カウンセラーに任せようか?
1. 教育相談とは何か
1-1 教育相談の定義／1-2 学校心理学における「ヒューマン・サービス」の
考え方と教育相談／1-3 教師のおこなう教育相談の特徴・意義
2. ワーク1の答え

031　第2章　相談援助の理論——カウンセリングとカウンセリングマインドの
考え方を理解する
ワーク2　本当は、共感できないけれど…
1. カウンセリングの基礎にある代表的な理論
1-1 精神分析理論／1-2 行動主義の理論(行動療法)／1-3 来談者中心
療法
2. ワーク2の答え

043　第3章　相談援助の技術1——カウンセリングマインドを活かす聴き方
ワーク3　ユウくん、謝りなさい!
1. 聴き方の基本的な心構えと技法
1-1 聴き方の基本的な心構え／1-2 聴き方の技法
2. ワーク3とエクササイズの答え

055　　第4章　相談援助の技術2──カウンセリングマインドを活かす保護者との関係づくり

ワーク4　ヨシオくんみたいな子、初めてです

1. 保護者対応の基本と相談の実際

1-1 保護者対応の基本／1-2 カウンセリングマインドを活かした相談の実際

2. ワーク4の答え

071　　第5章　子ども理解1──発達の視点から子どもを理解する

ワーク5　甘えさせても良いの？

1. 発達の視点とは

1-1 子どもの姿を時間的・発生的な視点からとらえる／1-2 子どもを取り巻く社会文化的環境を包括的にとらえる／1-3 誰もが発達の過程で「問題」や「危機」を起こし得る──インクルーシブな存在

2. ワーク5の答え

081　　第6章　子ども理解2──問題のアセスメント

ワーク6　1番じゃなくちゃ、いやだ！

1. アセスメント

1-1 アセスメントとは／1-2 アセスメントの対象と方法

2. ワーク6の答え

093　　第7章　子ども理解3──問題行動のとらえ方

ワーク7　ぼく、悪くないもん

1. 問題行動のとらえ方

1-1 子どもの声にならない声を読む／1-2「問題行動」の子どもにとっての意味

2. ワーク7の答え

105 **第8章 いじめ問題への対応**

ワーク8 いじめなんかしてないよ！

1. いじめとは何か

1-1 いじめの実態／1-2 定義の変遷／1-3 いじめの本質／1-4 いじめの構造

2. いじめへの対応

2-1 早期発見と短期的対応／2-2 予防・長期的対応／2-3 インターネットによるいじめ

3. ワーク8の答え

121 **第9章 不登校への対応**

ワーク9 保健室で過ごしたい…

1. 不登校とは何か

1-1 不登校の実態／1-2 不登校の原因／1-3 不登校の子どもの抱える困難な状態

2. 不登校への対応

2-1 不登校の予防／2-2 長期化している不登校への対応

3. ワーク9の答え

135 **第10章 特別な支援を要する子どもへの対応1——理解と支援の考え方の基本**

ワーク10 ヒロシくんは、自閉症だから…

1. 特別な教育ニーズのある子ども

1-1 特別支援教育／1-2 発達障害とは何か

2. 支援の基礎

2-1 支援の考え方の原理／2-2 特別な教育ニーズのある子どもへの支援の原則

3. ワーク10の答え

149 **第11章 特別な支援を要する子どもへの対応2——支援の実際の基礎**

ワーク11 ユウキくんばかり見ていられません

1. 学校における支援

1-1 支援の体制／1-2 インクルーシブ教育の推進

2. それぞれの発達障害の特徴と支援のポイント

2-1 自閉症スペクトラム障害(Autism Spectrum Disorder、ASD)／2-2 注意欠如／多動性障害(Attention Deficit Hyperactivity Disorder、ADHD)／2-3 学習障害(Learning Disabilities、またはLearning Disorders、LD)／2-4 二次障害を防ぐ

3. ワーク11の答え

167　第12章　障害のある子ども・気になる子どもの保護者への対応

ワーク12　どうして面談がうまくいかないのだろう?

1. 障害やそれを疑われる子どもの保護者との信頼関係づくり

1-1 インクルージョンに関する考え方のズレ—保護者の思いを理解する／1-2 障害を認め理解することの困難—長い道のりに寄り添う／1-3 専門家への不信感や怒りの感情／1-4 保護者・家庭の責任を指摘されることへの防衛—保護者は援助チームの一員とみる／1-5 立場や機関によって関係性が異なる—関連する人々・機関の総体としての支援をめざす

2. ワーク12の答え

179　第13章　「困った保護者」・不適切な養育環境への対応

ワーク13　早く寝かせるために、睡眠薬を飲ませました

1. 「困った保護者」とは何か

1-1 保護者のありようの変容と「モンスター・ペアレント」／1-2 無理難題・クレームを言ってくる保護者への対応

2. 児童虐待

2-1 児童虐待の現状／2-2 虐待を受けた子どもの心理的な特徴／2-3 学校でおこなう支援

3. 子どもの貧困

3-1 子どもの貧困の実態／3-2 貧困への支援

4. ワーク13の答え

201　おわりに

＊本書に登場する子どもの名前はすべて仮名です。
＊本書では、教員免許状を有し学校教育に携わる教育職員を指す語として「教師」を用いています。

序 章

現代の子どもと子育てをめぐる状況と教師に求められる役割

> **ワーク0**
>
> ひとりの子どもを育てるには○○が必要
>
> アフリカのことわざに、「ひとりの子どもを育てるにはひとつの『　』が必要」というものがあります。『　』にはどんなことばが入るでしょうか。次のA～Fから選んでください。
>
> A. 温かな家族　B. 大きな山　C. 豊かな川　D. 金蔵　E. 優れた学校　F. 村
>
> ヒント：今日の日本の子育て環境に最も不足しているもののひとつを象徴することばです。

1. 今日の子どもと子育てをめぐる問題

　少子高齢化が止まらない日本社会においては、近年の経済不況による貧困化の進行により、子育て困難社会を超え、「子ども受難の時代」といえる状況にあります。そのなかで、子どもの健やかな発達と豊かな人格形成を担うものとして、保育の機関はもとより、学校や教師に求められる役割は増大しています。ここで、今日の日本の子どもたちや子育てをめぐる危機的状況や変貌を整理してみましょう。

1-1 子育て困難社会の進行──子どもを育てる養育環境の貧困化・変容

1-1-1 地域の人間関係の衰退とインターネット環境の急激な発展

　1960年代の高度経済成長期を境として、血縁関係からも地域共同体から

011

も自由な核家族が広がっていきました。今日、地域の人間関係は空洞化し、子どもと家族の成長を支えるはずの子育てのコミュニティや地域共同体が消えています。隣の家や隣の部屋で暮らす人の顔もなかなか見えません。祖父母などの親戚も遠く、子育て中の親がちょっとしたことを相談したり、頼んだりする相手がいません。子どもの周りにも、何かしら声をかけてくれたり、叱ったり教えてくれたりする地域のおじさんやおばさん（ソシアルアンクル、ソシアルアント）はいなくなりました。その代わりに、親子の周りにはインターネット上のたくさんの情報があふれかえり、子どもは幼少時から、ゲーム機・携帯電話・スマートフォンなどが生み出す電子空間にさらされています。

1-1-2 地域環境の劣悪化・遊びの3つの間の消滅

　高度経済成長期に入ってモータリゼーションが発達し始め、道路はアスファルトが敷かれて自動車のものとなり、子どもたちは遊ぶ場としての道路から追い出され、原っぱにはビルが建てられ、遊びの「空間」がどんどんなくなっていきました。学歴社会へと変貌するなかで、稽古事や塾に通う子どもが増え、遊ぶ「時間」が減りコマ切れ化していきます。同時に、テレビや携帯ゲーム機の登場によって、群れて遊ぶ「仲間」がいなくても、隙間の時間を退屈せずにひとりで過ごせるようになりました。空間・時間・仲間という、いわゆる「3つの間」、サンマが失われたのです。

　その結果、現在、子どもの遊びの内容は、テレビゲームのように体を動かさず、マイペースに楽しむことができるものが中心で、鬼ごっこなどの集団遊びをすると答える子どもは全体の数％程度といいます。虫を捕まえたりどろんこ遊びなどをしたことがない子どもや、近所の大人から遊びを教えてもらうことは「全然ない」とする子どもが5、6割にのぼるなど、遊び体験や生活体験は非常に乏しくなっています（厚生労働省、2003・福岡県、2002など）。

　さらに近年は、地域のセキュリティが格段に悪化し、子どもが公園で遊ぶことにも危険が伴うようになり、ますます遊び空間が制限されています。地域の大人がちょっとした声をかけることも不審がられるためにはばかられ、地域の大人と子どもとの関係もさらに失われてきています。

1-1-3 養護性・親性の学習を保障しにくい社会

　親は、子どもが生まれたときから親として整っているわけではありません。親になる準備は、自分自身が生まれたときから始まっています。自分の親とかかわる経験、親とほかのきょうだいとのかかわりを身近で見る経験、親がほかの子どもたちにどうかかわるかを見る経験、自身が成長の過程で多様な個性をもった友人や幅広い年齢の人とかかわる経験、動植物の飼育経験などが、養護性・親性の学習に非常に大きな意味をもっているとされます（遠藤、1995）。

　そして、親となった後も、親として成長していくためには周りの人たちからいろいろ学び、支えをもらわなければなりません。

　今日の社会では、そのような、親になる準備のための学習を保障し、親としての成長を支える環境条件が十分にありません。少子化によって、自分のきょうだいもせいぜい1、2人であり、成長する過程で出会うべき対人的環境や経験の乏しさは、子育てを困難なものにしている大きな要因です。

1-1-4 生き方・家族の多様化

　親の年齢層が広がり、晩婚化と同時に、10代の若い親も増えています。また、最近の統計では、母親の全年齢層の約25%もが、いわゆる「できちゃった婚」（結婚期間が妊娠期間より短くて第1子が生まれる）であることが示されています（厚生労働省、2010）。

　厚生労働省（同）によると、母親が第1子を出産する年齢は、2009年では平均29.7歳で、晩婚化と初産年齢の上昇が進んでいます。背景には、生き方や人生観が多様化し、結婚や子育てが個人の自由選択によって決定される時代であること、出産・子育ては必ずしも家族の最優先課題とは限らないことなどがあるでしょう。母親が高齢の場合、体力的な問題や自身の親の介護などの問題を抱えやすく、周りのサポートも得られにくいといわれます（寺見、2011）。

　一方、母親の年齢が15歳から19歳では、第1子のうちの8割以上が「できちゃった婚」によって生まれています。若い親の場合、親になる準備や意識

が十分に整わないまま、自分の生活を楽しむついでに子育てをして、幼い
うちから子どもを大人の生活に巻き込んだり、無自覚なまま不適切な養育を
してしまうケースも指摘されています(寺見、同)。

　家族のかたちも多様化しており、ひとり親家庭や、多言語・多文化の家族
も増えています。

1-2 子育ての階層性—— 子育てに手の回らない家庭・保護者の教育
　　投資の階層性・放課後の貧困

　2008年のリーマンショック以降、経済状態の急速な悪化によって貧困化が
進みました。その影響もあって、保育所では通常保育を必要とする共働きの
家庭が増え、待機児童問題はなかなか解消されません。

　学童保育においても、同様の理由に加えて地域のセキュリティの悪化と
いう事情が重なったため、ニーズが非常に高まり、大規模化や長時間化が
急速に進み、待機児童も増加しています(学童保育連絡協議会、2017)。量
的なニーズに応えるために保育環境が悪化し、市場化も進んでいる状況が
みられます。

　また、保育所・学童保育所ともに、通常保育だけではなく、保護者の労働
環境の厳しさや多様化と並行して、一時保育・延長保育・夜間保育・休日
保育・病後児保育などのニーズが増え、それに応えるかたちで保育所の運営
が変化してきています。幼稚園も多くが預かり保育を実施したり、認定こども
園となったりすることによって、保育を必要とする子どもを受け入れています。

　以上のように、今日の子どもと子育て家族には、経済状態の悪化に伴い、
「子育ての階層性」が生じているといわれます(垣内、2011)。家庭の経済
状態と、子どもが享受する利益との間に大きな関連性がみられるようになって
います。子育てにまで手が回らない、教育にかけるお金がない家庭が増え、
格差が広がっています。

　学童保育では、これが「放課後の貧困」といわれる現象になって現れて
います。学校にいる間はある程度平等なものの、放課後は家庭の経済事情

によって差が生じます。経済的にゆとりのある家庭の子どもは、塾・習い事・スポーツクラブへの参加など、さまざまな活動が経験できます。しかし、ゆとりのない家庭の子どもは、学童保育にすら、おやつ代などの費用を払えないため、入れないケースも増えています。結果として、「子ども時代の社会化経験の不平等」が生じています。「放課後の貧困」は、テレビゲームでしか遊べない、テレビゲームに頼るしかない子どもを生み、学力・体力・栄養状況のみならず、「体験量の格差」が生まれているといいます(明石、2009)。

1-3 困難の複合──発達の偏りや脆弱さのある子どもの増加と児童虐待

　1-1と1-2でみたように、今日の子どもの周りにはそもそも「子育て困難社会」「子ども受難の時代」ともいわれる厳しい状況があります。そのようななかで、家庭に、保護者の失職や家庭の経済状態の悪化、保護者の病気や障害、家族の介護、家族の不和、地域でのトラブルなどの諸々の困難が生じてくる場合があります。家庭にそういった状況が生まれたとき、支えてくれるものがなければ、そのしわ寄せは子どもの養育に向かいやすく、とりわけ発達に弱さをもつ子どもに降りかかります。

　今日、発達障害や発達の気になる子どもなど、発達に何らかの偏りや脆弱さのある子どもが増えているといわれています(たとえば、杉山、2009など)。また、特別支援教育への移行の背景には、障害のある子どもの障害の重度化や重複化があります(文部科学省、2003)。そして、そういった、発達にさまざまな困難を抱える子どもが、児童虐待のハイリスクを負っていることは残念ながら否めません(杉山、同)。

　家庭がさまざまな困難を抱えながらも、友人や親戚、地域の人々などとの私的なつながりや、公的支援のネットワークがあれば、困難を乗り越えていく力が得られやすいものです。しかしそういったネットワークから漏れているとき、発達に障害や弱さのある子どもという存在に、虐待などの不適切な養育という新たな困難が複合されてかかってくる危険性があるのです。

1-4 どんな子ども・家庭にも必要なユニバーサルな支援—— 子ども の発達支援を最前線で担う教師として

　以上のように、今日、子どもをめぐる状況は、危機的な方向に変化してき ています。これをまとめたものが図0-1です。一方、グローバル化する社会 において未来を担う子どもたちに求められる力は、OECDのキー・コンピ テンシーとして、①社会・文化的、技術的ツールを相互作用的に活用する 能力、②多様な社会グループにおける人間関係形成能力、③自律的に行動 する能力、と提起されています（Rychen & Salganik, 2003）。つまり、あふ れかえる情報を的確に活用して、自分とは異質の人々とコミュニケーション しながら共同する関係をつくり、さまざまな問題を解決して、周囲の人々と の関係や環境を意識しながら自律的に行動すること、などが求められている のです（文部科学省、2005）。

　これは、今の日本の子どもをめぐる環境にあっては、難題であると思われ ます。しかし、だからこそ教師には、これらの力を育てることが強く求められ ています。教育相談とは、「道徳やルールから外れた行動を起こす子どもを どのように修正するか」「いわゆる「心の問題」を抱える子どもをいかに学級 集団に適応できるようにするか」などが目的ではありません。すべての子ど もたちが、未来の社会に求められる力を得るための支援の取り組みです。 子ども一人ひとりのニーズに寄り添い、その発達支援を最前線で担う、教師 のおこなうユニバーサルな教育実践です。

　また、今日、学校には子育てや家族を支援する資源としての役割が期待 されています。そこでは、「標準的」な家庭をイメージした支援は役に立ち ません。「伝統的」で「標準的」な家庭像と比べて足りないものを家庭に求め たり指導したりするのではなく、さまざまな形態の家庭のありかたを認めるこ とが支援のスタートです。しかも、特殊な問題を抱えている家庭だけではな く、一見「普通」に見えるどんな家庭に対しても、ユニバーサルな支援が求 められています。さらに、今、保護者自身の心の問題ですら教師や学校に 振り向けられる傾向が見受けられます。教師には、さまざまな保護者とつな

がる専門性や、家庭の成長・発達に寄り添う姿勢、学校をはじめとする地域のさまざまなネットワークに家庭を取り込んでいく専門性などが求められるのです。

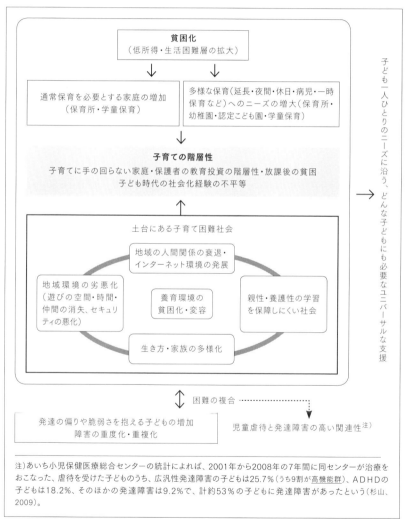

図0-1　今日の子どもをめぐる状況——子ども受難の時代

2. ワーク0の答え

　正解は、「F. 村」です。子どもひとりを育てるには、ひとつの村全体でのいろいろな人々とのかかわりや、支え合いが必要だという教えです。「村」とは、「地域」や「コミュニティ」を意味することばでしょう。子どもは地域に生まれ、地域で育つ存在です。同じ地域で生活する多様な年齢や立場の人々が、子どもを中心とする家庭を取り囲み、蓄えられてきた知恵を出し合い、支え合うなかで、家庭と子どもが成長していく、そのような図式が思い浮かびます。

　子どもは、家庭だけではなく、家庭と学校だけでもなく、それ以外の多様・多層の人々とのかかわりやさまざまな環境との相互作用のなかで育ちます。園や学校とは、「村」、すなわち育ち合いのコミュニティのなかにある中核的な存在のひとつです。教師のおこなう発達支援としての教育相談にあたっては、子どもの育ちがそのような図式のなかに描かれ展開されるもの、という視点からスタートしていただきたいと思います。

［引用・参考文献］

明石要一(2009).「地域が提供しなくなった仲間遊びと体験・教育の機会—体験格差を是正する施策を考えよう」『児童心理』891　35-40

遠藤利彦(1995).「親になること・親であること」無藤 隆・久保ゆかり・遠藤利彦『現代心理学入門2　発達心理学』岩波書店

福岡県(2002).「子どもの遊び観察調査報告書」

学童保育連絡協議会(2017).「学童保育(放課後児童クラブ)の実施状況調査結果について」(http://www2s.biglobe.ne.jp/Gakudou/pressrelease20170920.pdf)

垣内国光(編著)(2011).『保育に生きる人びと—調査に見る保育者の実態と専門性』ひとなる書房

厚生労働省(2003).「厚生労働白書平成15年版　子どもの育ちの現状と課題」(http://www.mhlw.go.jp/wp/hakusyo/kousei/03/index.html)

厚生労働省(2010).「平成22年度「出生に関する統計」の概況　人口動態統計特殊報告」(http://www.mhlw.go.jp/toukei/saikin/hw/jinkou/tokusyu/syussyo06/syussyo2.html#02)

文部科学省(2003).「今後の特別支援教育の在り方について(最終報告)」(http://www.mext.go.jp/b_menu/shingi/chousa/shotou/018/toushin/030301.htm)

文部科学省(2005).「OECDにおける「キー・コンピテンシー」について」(http://www.mext.go.jp/b_menu/shingi/chukyo/chukyo3/004/siryo/05111603/004.htm)

Rychen, D. S., & Salganik, L. H. (2003). *Key Competencies for a Successful Life and a Well-Functioning Society*. Hogrefe & Huber Pub.(ドミニク・S.ライチェン、ローラ・H.サルガニク(編著)(2006).立田慶裕(監訳)今西幸蔵ほか(訳)『キー・コンピテンシー—国際標準の学力をめざして OECD DeSeCo　コンピテンシーの定義と選択』明石書店)

杉山登志郎(2009).『そだちの臨床—発達精神病理学の新地平』日本評論社

寺見陽子(2011).「若い保護者や高齢な保護者への支援」藤﨑眞知代・大日向雅美(編著)『臨床発達心理学・理論と実践2　育児のなかでの臨床発達支援』ミネルヴァ書房

第 **1** 章

教育相談とは何か──教師のおこなう教育相談の役割・特徴

　教育相談とは何か、その概要を理解します。教育相談の定義と学校教育における役割、教師のおこなう教育相談とカウンセラーのおこなうカウンセリングとの違いや特徴などを学びます。

ワーク1

カウンセラーに任せようか?

　最近、A小学校には、その学区域住民からしばしば苦情の電話が入ります。「おたくのところの子どもが、洗車場で車に勝手に入って遊んでいた」「店の前のクレーンゲーム機の下にもぐりこんで、下から景品をごそっと持っていった」など。学区域内の児童館の職員からも、「児童館で、ある子どもが持ってきたゲームソフト10個を「貸せ」と言って取り上げ、自分と仲間2人を入れた計3人で山分けしたことがわかったので指導しました」という連絡が入りました。一連の事件の主は、小学3年生のケンタくんでした。

　担任教師は、その都度ケンタくんに厳しく指導し、保護者とも話し合い、三者で謝罪に出向きました。保護者も悩んでいます。しかし、ケンタくんのそういった行動は簡単にはなくなりません。担任は教育相談係の教師とも相談し、何か「心の問題」を抱えているのかもしれないと思い、ケンタくんの気持ちをじっくり聴いてみることにしました。しかし、ほかの教師から「それは甘やかしではないのか」と指摘されました。確かに、それまでの毅然とした態度を変えることは不自然で、子どもにおもねるような気もするし、子どもの混乱を招くかもしれません。担任は、多忙な日々のなかでケンタくんの問題だけに時間を割けないこともあり、「心の問題」の専門家であるスクールカウンセラーにそっくりお任せしようか、とも考えています。

［ワーク1-1］

　ケンタくんは、「絶対にやってはいけない、許されないことだ」と繰り返し指導

されても、同じような行動を起こしてしまいます。「気持ちを聴く」ことは甘やかしであり、ダメなものはダメ、という毅然とした指導を貫くべきでしょうか。

[ワーク1-2]
　「心の問題」が絡むかもしれない、と思われる問題については、スクールカウンセラーが配置されているのだから、「そっくりお任せする」ことは良いのでしょうか。

1. 教育相談とは何か

1-1 教育相談の定義

　第二次大戦後の日本の学校教育は、「学習指導」と「生徒指導」という2つの柱から成り立ち、将来を支える人材の育成と、子どもの人格形成を担うものです。これは教育基本法第1条に、教育の目的として「人格の完成」と「平和で民主的な国家及び社会の形成者として必要な資質を備えた心身ともに健康な国民の育成」と記されるものに対応しています。

　そのなかで、教育相談とは、「生徒指導の一環として位置付けられるものであり、その中心的な役割を担う」ものです（文部科学省、2010）。また、反社会的な行動に対する保護・矯正指導を主とする狭義の生徒指導は、方法論の違いはあるものの教育相談と対立するものではなく、重複しながら、子どもの発達支援を目的として補い合うものです。

　ところで、今日の教育相談においては、序章にも既述したように、子育て困難社会を背景とした、保護者自身の抱える問題への対応や家庭支援という新しい課題が立ち現れてきています。保護者支援・家庭支援については後述し（第12章参照）、ここでは、対象を児童に限定して教育相談の概要を整理します。

　教育相談とは、学校という社会的集団の維持や集団への適応、人格の発達や心身の健康をはかる生徒指導という大きな枠組みのなかで、「教師が、

児童生徒最優先の姿勢に徹し、児童生徒の健全な成長・発達を目指し、的確に指導・支援すること」です（日本学校教育相談学会、2006）。

　また、わが国の教育相談の実践の蓄積を理論としてまとめたことで知られる大野（1998）は、教育相談を次のように定義しました（一部省略、a～fの記号は筆者による）。

　　児童生徒の学習面、進路面、生活面（心理社会面および健康面）の課題や問題、話題に対して(a)、情緒的のみならず情報的・評価的・道具的にもサポートするため(b)、すべての子どもに関わり(c)、早急な対応が必要な一部の子どもとしのぎ(d)、問題等が顕在化している特定の子どもをつなげ(e)、そして、すべての子どもがもっとたくましく成長・発達し、社会に向かって巣立っていけるように、学校という時空間をたがやす(f)、チームによる実践的な指導、援助活動である(g)。

　これは、支援の領域(a)、支援の内容(b)、教育相談の機能(c・d・e・f)、学校という日常生活の場における内外の援助資源の連携による支援(g)という点を明確に整理したものです。

　支援の内容(b)は、コミュニティ心理学[*1]でいうところの、4つのソーシャルサポートです。これは、困難な状況にある子どもに対し、「一緒に立ち向かう味方」としての存在である教師が、どんな援助を提供できるかを分類したものです（表1-1）。

　教育相談の機能(c・d・e・f)を図示したものが図1-1です。また、日本学校教育相談学会（同）によれば、教育相談の機能を「開発的教育相談」「予防的教育相談」「問題解決的教育相談」の3つとしています。「かかわる」「たがやす」は開発的教育相談から予防的教育相談に、「しのぐ」は予防的教育相談に、「つなげる」は問題解決的教育相談に相当します。

＊1｜人とその問題を、複雑な社会体系との相互作用のなかにあるものとしてとらえる心理学です。コミュニティ心理学によれば、人がその人らしく生きていく社会（コミュニティ）であることや、人と人との日常的な結びつき（ソーシャルサポートのありかた）が心身の健康に影響を及ぼします。問題の予防や、人が自ら力を獲得していくこと（エンパワメント）が重要であり、支援はコミュニティに存在するさまざまな社会資源と専門家との協働によって成り立つ、とされます。くわしくは、『コミュニティ心理学ハンドブック』（日本コミュニティ心理学会編、東京大学出版会、2007）などを参照してください。

表1-1 教育相談における支援の内容

情緒的サポート	共感・傾聴・支持などの情緒的なはたらきかけをおこない、安心させ、勇気づける
がんばっていることを認める声かけ/励まし/共感/元気のない子どもへの声かけなど		
「きっとうまくいくよ」「よくがんばったね」「よく我慢したね」「たくさん練習したね」「ちょっとお休みしてみたら」「大丈夫、またやればいい」「くやしかったね」「〇〇だったんだね」		
情報的サポート	問題解決に役立つ有益な情報や示唆、アドバイスを与える
勉強の仕方や学習に関する自己コントロールの仕方(メタ認知)に関する指導やアドバイス/対人関係に関するアドバイス/どこで・誰に聞いたら良いかの助言など		
「頭の中でことばを繰り返すと忘れない」「大切なところにはアンダーラインを引こう」「意味がわかっているかどうか振り返ろう」「今、〇〇と言っておいたほうがいい」「△△先生に聞くといいよ」		
評価的サポート	課題に取り組んでいる子どもに対して、肯定的な評価や、基準と比較してどうかなどの意見をフィードバックする
勉強や取り組みの成果や経過、発言・発表の仕方や態度、対人関係やコミュニケーションの仕方、好きな遊びや得意なことなどについて、肯定的に評価しながら改善点を伝える		
「声が大きくてはっきりしていて、とてもわかりやすいですね」「恐竜のことなら博士だね」「がんばって宿題を終わらせたのはえらかったね。今度から、計算が終わったら間違っていないかどうか、もう1回点検してみよう」		
道具的サポート	問題を解決するための具体的な手段や助力(時間、物品、労力など)を提供する
勉強の補習/補助教材の提供/子どもの特別なニーズに合わせた教室環境の調整/子ども同士や親子のトラブルの仲介をするなど		
授業がよくわからない子どもに放課後時間をとって指導する/補助プリントを作って渡す/心配な子どもを学童保育所まで送っていく/席を配慮する/教室を視覚的に構造化する(第11章参照)		

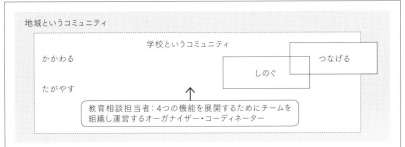

かかわる:指示や助言、指導を中心とするガイダンスやコーチング、クラス・小グループでの、構成的グループ・エンカウンター注1)やソーシャル・スキル・トレーニング注2)などの、集団への心理教育も含む予防的支援

しのぐ:情緒的な混乱に陥っている児童・生徒に対して、以前の安定した状態に戻すための危機介入注3)の支援

つなげる:狭義の治療的なカウンセリングなどの必要が出た場合、「かかわり」をベースに危機介入をしつつ、校内外の分掌や専門機関などと連携・協働する支援

たがやす:学校のカリキュラムや指導・援助のシステム、学校の施設・設備なども含めて「しのぐ」「つなげる」必要のある児童生徒だけではなく、すべての子どもにとって豊かで適合的な環境を学校内外につくる支援

出典:大野(1998)より、一部改変

注1)**構成的グループ・エンカウンター(SGE)**:エクササイズを通して他者とのつながりをつくったり、自他の理解をうながしたりしながら、自己変容をはかろうとするグループ体験のこと。注2)**ソーシャル・スキル・トレーニング(SST)**:対人関係のハウツーやコツ(挨拶の仕方、交渉の仕方など)を教える社会的技能訓練のこと。注3)**危機介入**:危機的な状況とみなしたときに、たとえ本人が拒否しても支援をおこなうこと。危機的な状況とは、①自分を傷つける行為(自傷、自殺企図など)、②他人を傷つける行為、③児童虐待、④そのほかの生死に深くかかわる事項(テロ、伝染病、大事故、大災害など)。通常のカウンセリングとの違いは、①期間が短い、②危機の直接的原因に焦点を合わせ、危機状態の回避を目的とする、③直接的な「指導」が重視されること(本田、2004)。

図1-1 教育相談の機能

1-2 学校心理学における「ヒューマン・サービス」の考え方と教育相談

　石隈(1999)によれば、学校教育の目的のひとつである「人材の育成」とは、子どもに社会で必要とされる知識や技能を教え、文化を伝達することによって、国の生産力を向上させ社会的な団結を維持するという、「経済的・社会的機能」を指します。しかし、学校心理学の考え方によれば、今日の学校教育に求められているのは、子どもと教師との信頼関係を土台とし、子ども一人ひとりのニーズに応じた成長を支援する「ヒューマン・サービス」[*2]です。学校教育というヒューマン・サービスは、学習面、心理・社会面、進路面、健康面などを含めた多様な側面にわたり、「指導」と「心理教育的援助」の2つの方法によって、すべての子どもに対して、3段階での援助がおこなわれるものと唱えています(図1-2)。この考え方は、1-1で示した教育相談のそれに通じるものです。教育相談とは、この3段階の援助活動をカバーする、学校教育の一環としておこなわれる教育実践であるといえます。

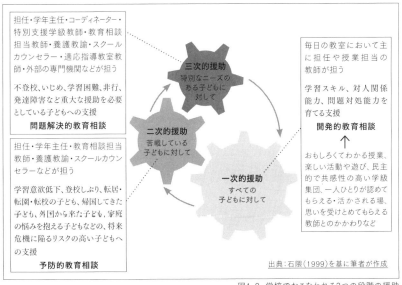

図1-2　学校でおこなわれる3つの段階の援助

---

*2｜個人の幸福や自己実現の向上を目的として、専門職によっておこなわれる活動のことで、教育、医療、福祉などを指します。

ここで最も大切なのは一次的援助です。それは主に教師によっておこなわれ、目の前にいるすべての子どもたちが、学習面・心理社会面での課題を乗り越えるために必要な基礎的能力（学習スキル、対人関係能力など）の発達を促進する教育実践です。その発達がうながされるためには、子どもが日常的に心の健康を保ち、その健康なところや強いところ・得意なことが活かされることによって高い自己効力感を抱いていること、ポジティブな情動をたくさん経験すること、良好な学級集団において教師を含むたくさんの多様な人との信頼関係や相互の学びがあることなどが重要です。一次的援助は危機の予防にもつながり、また実際に危機や困難な状況が起こったとき、そこから回復するための底力ともいうべき子ども自身の強み（自助資源）や、心の弾力性であるレジリエンス[3]を伸ばすことでもあります。これは教育相談でいう「かかわる」「たがやす」などの開発的教育相談にあたります。

　二次的援助とは、活動意欲の低下や転校してきた子ども、家庭の変化など、個別の援助ニーズが見えてきた、または大きくなる可能性のある一部の子どもたちに対しておこなわれるものです。毎日接する担任や教科担当の教師が早期に気づき、教育相談担当教師や養護教諭などと連携しながら情報を集めて問題状況の構造を把握し（アセスメント、第6章参照）、これ以上の困難になることを防ぐためにおこないます。これは教育相談でいう「しのぐ」の予防的教育相談にあたります。

　ただし、子どもの問題への援助とは、それが単に「ない」ことを目的とすることではありません。子どもの発達に応じて、問題を自律的に乗り越えていく力を育てることが援助の目的です。また、「問題」や「危機」はそれを乗り越えることによって発達の課題をクリアしようとしている姿であり、成長の機会でもあります（第5章参照）。予防とは、問題や危機が、子どもの力をはるかに超えてその発達を妨害するほど重大化しないようにするためにおこなうものです。

＊3｜「逆境から回復・復元する心の弾力性」と定義され、ストレスフルな出来事を経験しても、ゴムボールのようにしなやかに元に戻り、くじけずに乗り越えることのできる心の力を意味します。その強さの違いは、個人差（生まれながらの特性や自己効力感の高さなど）のほか、家族や、周りの環境（支援・支持的な結びつきや、他者との信頼関係があるかどうかなど）によって左右されます（Fraser, 2004）。

三次的援助とは、不登校やいじめ、非行、障害などの大きな援助ニーズのある子どもに対して、内外の資源の連携・協働のもとにおこなわれます。これは教育相談でいう「つなげる」の問題解決的教育相談にあたります。

1-3 教師のおこなう教育相談の特徴・意義

1-3-1 教育相談とカウンセリングの違い

　今日、小学校には臨床心理士などの資格を有するスクールカウンセラー（以下、SCと略）が、主に非常勤のかたちで広く配置されるようになりました。教育相談という、子どもの発達支援を目的としておこなわれる教育実践は、内外の資源で構成されるチームが担い、教師はその主体であり、SCは援助チームの一員です。

　教育相談における、狭い意味での相談活動における具体的な方法には、指示や助言、指導を中心とするガイダンスやコーチングなど、従来の学校教育になじみのあるものから、カウンセリング、コンサルテーション、コーディネーション、SSTのようなスキル教育、SGEのような集団セッションなどの心理学的な技法があります（表1-1、図1-1参照）。

　ここで特に問題となるのが、カウンセリングです。SCのおこなうカウンセリングと、教師のおこなう教育相談で求められるカウンセリングとは、どのように違うのでしょうか。これを整理したものが表1-2です。

表1-2　教師のおこなう教育相談とSCのおこなうカウンセリングとの違い

	教師がおこなうカウンセリング	SCがおこなうカウンセリング
対象	すべての児童とその保護者	心の問題を抱える児童とその保護者
目的	学習面・心理社会面・進路面などに関する成長・発達への支援／子育て支援としての保護者・家庭支援／開発・予防・問題解決	学校不適応やそのきざしを抱える子どもが心の健康を取り戻し自己実現を進めるための支援／そのための保護者・教師に対する支援
方法	指導・カウンセリングマインドを活かした相談	カウンセリング、プレイ・セラピーなどの心理臨床的技法
機会・場	学校教育がおこなわれるあらゆる場面において、臨機応変に、日常性のなかでおこなわれる（日常生活の場でおこなわれる。指導・評価する教師という役割や、日頃の教師対子どもの人間関係が影響する）	学校内の面接室で時間を決めておこなう（児童の日常生活の場を理解しながら、教室とは別の枠組みで、非日常性・外部性をもつ）／守秘義務を慎重に考慮しつつ教師と連携する
担う人	校内のすべての教職員	心理臨床家としての専門性を有する者

1-3-2 指導とカウンセリングマインドをもつことのバランス

　教師は、子どもたちが学力を伸ばし、スポーツや音楽などの活動に打ち込むことができ、たくさんの友だちをつくって、社会性を身につけ、将来の夢に向かって努力していけることを願います。教師をめざす人は、そのような存在になりたくて、教職に関する科目を勉強して教師になります。教職に関する科目には、教育心理学や発達心理学・児童心理学などの心理学も含まれますが、カウンセリング心理学や臨床心理学などは必須とされていません。また、教師をめざす人は、そのような、心の内面を深く探ろうとする学びへの関心は多くもっておらず、それらの学問的基盤に基づいた、心の苦しみにアプローチする心理臨床的な実践をおこなうために教師になるのではありません。教師とカウンセラーは、まったく別の職業であり、そうであるべきものです。

　ところが、教育相談という教育実践には、カウンセリングの視点をもつことが求められます。カウンセリングの視点とは、人は理解されることによって自己治癒や成長に向かうという信念のもとに、子どもの成長をじっくり待ち、そのありかたを評価の視点をもたずに無条件に肯定し、子どもの声（声にならない声を含む）を積極的にひたすら聴き（傾聴）、受容し、共感するというカウンセリングマインドをもって子どもを見るということです（第2章参照）。

　しかし学校教育には、大きな教育目標や学期や学年などの時間ごとに区切られた目標があり、教師はその目標に向かって、子どもの成長とそれにかかわる自らの教育実践に対して評価的な視点をもち、時には子どもに厳しく対峙する存在として指導し、伸ばそうとします。また、教師は学級集団のリーダーとして、適切な「ルールとリレーション」のある集団をつくり（第9章参照）、それを運営し引っ張っていかなければなりません。

　このような教師本来の使命に対して、カウンセリングマインドをもつとは、これをそのまま鵜呑みにすると矛盾し葛藤を起こすものとなります。教育相談の難しさと、だからこそ生じる意義は、ここにあります。

　指導とカウンセリングマインドのありかたに関しては、次の3つの考え方があります（原田、2005）。

①限定論：厳しい訓育的指導が求められる反社会的な行為をおこなう生徒への指導に対しては役に立たない。甘やかしになる。

②分業論：児童生徒にかかわる姿勢のうちで指導訓育的側面を主として教師が、理解受容的側面を主としてＳＣが担う。教師は指導という役割をもつので、教師がカウンセリングをおこなうことには無理がある。

③本質論：受容や共感的理解といった教育相談の基底にある姿勢や態度を教師こそが備えるべきであり、カウンセリングマインドに基づいて、教師は心に困難を抱えた児童生徒のみならずすべての児童生徒の心の発達を支援する役割を果たすべきである。教育相談の考え方や手法を教育活動の基本あるいは本質を構成する要素として位置づけ、より積極的に学校教育相談の理論や技法を日常の教育実践に生かす。

　教師が子どもの育ちを支援する存在になるとは、③に示される考え方や態度をもつ、ということです。

　では、教師がカウンセリングマインドを備えるとは、どういうことでしょうか。鵜養・鵜養（1997）は次のように説明しています。

　　教育指導をする専門家としての教師の本分を十分にわきまえた上で、視点を変えて、一人ひとりの子どもに新たな目を向けてみる。

　　反社会的な行動や自己破壊的な行動は許してはならない、というきっぱりとした教師としての姿勢を持ちながら、そして、そのような行動が出てきたときには、身をもってそれを阻止する行動力を持ちながら、その一方でそうせざるをえない子どもの気持ちを理解する。

　すなわち、時には視点を変えて子どもの側から子どもを見ること、行動それ自体には指導が必要な場合でも、行動を起こしたくなった気持ちと区別して、気持ちを理解するということです。指導が子どもの心に届くのは、その根底にカウンセリングマインドがあるからこそ、といえます。

また、指導と共感（カウンセリングマインド）は対立するものではなく、両者のバランスを測って相談に臨むものです。大切なことは、状況や子どもに応じて、その割合を見極めることであるという見方があります。吉田（2007）によれば、指導がうまくいけば、共感はそれほど意識する必要はありません。叱咤激励だけでうまくいく場合や、「ダメなものはダメ」という指導の方が良い場合もあります。指導がうまくいくと、教師に肯定的な感情が起こるので共感しやすく、その結果、さらに指導がうまくいく、という「指導の良い循環」が起こります。しかし、指導がうまくいかなければいかないほど、教師の子どもに対する否定的な感情が増し、ますます指導が功を奏しないという「指導の悪循環」が起こります。したがって、指導がうまくいかないときほど、カウンセリングマインドを意識して共感を増やすことが必要となります。

　また、そもそも教師は、児童に対して、指導することと、受容し養うという2つの矛盾する機能をあわせもつ存在であるという見方があります。この2つの機能を、弓削（2012）は、「ひきあげる機能（社会が要請する課題に応じて児童生徒の技術や知識といった資源を成長させる機能）」と「養う機能[4]（児童生徒個々人が持つ資源、性格特性や気持ち・要求といった心情に配慮する、学級内の情緒的人間関係を形成・維持する）」とし、これをうまく統合して教育実践に活かすことが求められる、といいます。この「養う機能」のなかに、カウンセリングマインドをもつ対応が含まれる、と考えられます。すなわち、教育実践をおこなう専門家としての教師には、指導する役割と同時に、カウンセリングマインドをもって子どもを理解し受けとめる姿勢が必要条件とされるのです。

　さらに、子どもたちの心身の健康的な発達を第一に保障するものは、問題が起こってからおこなわれる、より専門的な二次的・三次的な支援ではなく、外注することのできない日常の支援です。子どもの発達の土台にある

---

*4｜弓削によれば、「養う機能」とは次の行為を指します。
受容：子どもの気持ちや資源に合わせて指導を変えたり言動を認めて授業展開に活かす、緊張緩和（課題と無関係な個人的な話や冗談を言うなど）、支える（悩んだり困ったりしている子どもを励ます・助言する、子どもの意見や行動を褒めるなど）。
理解：見守る（休み時間に教室にいて、子どもたちの人間関係の様子を見る、子ども一人ひとりの様子を見守るなど）、対等に話し合う（休み時間や放課後を利用して子どもと個別に話す、子どもたちとお互いに思っていることや要望を率直に話すなど）。

ものは、「安全である」「安心できる」「安定している」という3つの「安」が保障される日常生活の場と、そこで身近に接する大人との信頼関係があることです。学校とは、すべての子どもにとって、それが保障される場でなければなりません。そして、教師と子どもとの信頼関係は、教師が子どものがんばりのプロセスに注目し、子どもの行動の前後にある文脈を読み、行動の裏にある気持ちを内面からくみ取ってともに感じ取る（カウンセリングマインドをもつ）ときにこそ培われます。何らかの問題が起こったとき、そのような日常の信頼関係のうえに成り立つ支援によって、子どもの発達そのものがうながされることこそが問題の解決となります。

2. ワーク1の答え

［ワーク1-1の考え方］

　行動そのものに対しては毅然とした指導をおこなうと同時に、「その行動を起こしたくなる気持ち」に十分に目を向けて、子どもの視線で子どもをとらえなおしてみます。気持ちを聴くことは「甘やかし」ではなく、子どもの側に立ってみることのひとつの方法です。しかし、「気持ちを聴く」だけでは、「なぜそういうことをしてしまうのか」を理解するには不十分です。そもそも、危機にあるときには、誰しも自身を冷静に客観化したり、問題状況の細部や構造を自身で意識したりすることは容易ではありません。ましてや、子ども、特に学童期までの子どもにとっては、自分の気持ちをことばにすることはたいへん難しい作業です。子どもの気持ちや行動を理解するためには、アセスメント（情報収集によって問題の構造を見立てる、第6章参照）が必要です。個としてのケンタくんの育ちの状況、家庭の状況、学校での状況などに関してアセスメントをおこない、行動を起こしている諸々の状況や、前後・背景にある文脈を読みます。

　また、問題行動は、裏に隠された真の問題の入り口であり、それを通して何らかのサインやメッセージを表しているととらえます（第7章参照）。アセスメントをおこないながら、子どもの抱えている多様な事情や困難を読み取っていくことが、「そうだったんだね」という共感的な理解を生み、問題解決につながります。同時に、問題行動は「それをしなくてもいいように育ててほしい」という発達への要求であり、積み残した発達の課題があることを示しています。ケンタくんには、情動コントロール、仲間

関係や対人関係上の発達、学力・学習面などに何らかの課題が見えてくるでしょう。「反社会的な行為や金銭の絡む問題をどうなくすか」ではなく、子どもが発達上・教育上の課題を乗り越えていくための指導・支援こそが求められます。

［ワーク1-2の考え方］

　「そっくりお任せする」ことは適切ではありません。二次的・三次的援助が必要な場合でも、支援の主体は教師にあります。前述のように、子どもの問題への対応とは、「問題行動を消す」ことが目的ではなく、抱えている危機を乗り越え、発達の支援をおこなうことです。その支援は学校という日常の教育の場で、この先も毎日おこなわれていきます。SCは援助チームの一員であって、心理臨床家としての立場からの助言をおこなうこと（コンサルテーション）、教師とは異なる立場や場において子どもや保護者への面接をおこない、その視点からの問題の見立てや解決を支えること（カウンセリング）などによって、チームを支える存在です。

［引用・参考文献］
Fraser, M. W.(Ed.)(2004). *Risk and Resilience in Childhood: An Ecological Perspective.* National Association of Social Workers.（マーク・W. フレイザー（編著）(2009).門永朋子・岩間伸之・山懸文治（訳）『子どものリスクとレジリエンス—子どもの力を活かす援助』ミネルヴァ書房）
原田唯司(2005).「教師が持つ属性および教育相談観とスクールカウンセラーの活動評価との関連」静岡大学教育学部学校教育講座『静岡大学教育学部研究報告（人文・社会科学篇）』55　155-172
本田恵子(2004).「子どもの危機への介入」石隈利紀・玉瀬耕治・緒方明子・長松裕希（編）『講座「学校心理士—理論と実践」2　学校心理士による心理教育的援助サービス』北大路書房
石隈利紀(1999).『学校心理学—教師・スクールカウンセラー・保護者のチームによる心理教育的援助サービス』誠信書房
文部科学省(2010).「生徒指導提要」(http://www.mext.go.jp/b_menu/houdou/22/04/__icsFiles/afieldfile/2011/07/08/ 1294538_03.pdf)
日本学校教育相談学会刊行図書編集委員会(編著)(2006).『学校教育相談学ハンドブック』ほんの森出版
大野精一(1998).「学校教育相談の定義について」『教育心理学年報』37　153-159
鵜養美昭・鵜養啓子(1997).『学校と臨床心理士—心育ての教育をささえる』ミネルヴァ書房
吉田圭吾(2007).『教師のための教育相談の技術』金子書房
弓削洋子(2012).「教師の2つの指導性機能の統合化の検討—機能に対応する指導行動内容に着目して」『教育心理学研究』60(2)　186-198

相談援助の理論──カウンセリングとカウンセリングマインドの考え方を理解する

「教育相談に求められるカウンセリングマインドとは何か」を理解するために、カウンセリングとカウンセリングマインドの背景にある理論の基礎を学びます。

ワーク2

本当は、共感できないけれど…

　小学4年生のユウコさんは、手先や体をあまり器用に動かすことができません。3年生のときに、図工で他児との差を意識して以来、何かと言い逃れしてやりたがらず、専科の教師は指導に苦労しています。

　物をなくしたり忘れたりすることもしょっちゅうで、たとえば体育の時間に、「頭が痛い」「お腹が痛い」と言って保健室に行くのですが、話を聞くと、頭痛や腹痛のせいではなく「帽子がない」「体操着を忘れた」というのが本当の理由だったりします。その際、事情をさらに聞くと、たとえば帽子は2日前からなかったようなのですが、持ってきていたのか、どこで失くしたのかうまく説明できず、結局のところ「わかりません」と言って逃げてしまいます。

　担任のオガワ先生は、そういうユウコさんの「苦手なことやいやなことから逃げてしまうところ」や、「うそをついてしまうところ」を何とかしたいと思っていました。苦手なことでも自分なりにがんばって挑戦してほしいし、身の回りの管理をすることや、自分のことばでもっと上手に説明する力もつけさせたいと思っていました。

　しかし、研修で「カウンセリングマインドをもって、子どもを受容し、話をよく聴き、共感して心に寄り添うことが大切」という講義を受けました。そこで、「ほかの人と比べて作品が上手にできないから、図工がやりたくないのですね」「帽子が見当たらないから、体育に出られないと思ったのですね」というふうに声をかけなければならないのだろうか、と考えました。実のところ、オガワ先生はしっくりいかない気持ちで、そのような対応をすることに抵抗があります。

[ワーク2-1]
　「受容と共感が大切」なのだから、オガワ先生は、自分の違和感を抑えてユウコさんの気持ちに寄り添う努力をするべきでしょうか。

[ワーク2-2]
　オガワ先生が、もし、ユウコさんに共感ができないとしたら、ユウコさんの問題に対してはどのような対応をしたら良いのでしょうか。

1. カウンセリングの基礎にある代表的な理論

　第1章に述べたように、教師のおこなう教育相談はカウンセラーや心理臨床家のおこなうカウンセリングとは大きく異なるもので、またそこに意義があります。しかし、カウンセリングの基となるさまざまな理論の考え方は、問題状況を多面的にとらえ、内外の機関と連携し、柔軟な相談活動をおこなっていくうえで参考になります。

　人の心の悩みや心の病に対して援助するカウンセリングや心理療法には、数多くの学派があり、さまざまな考え方や技法があります。本章では、その源流となっている代表的な理論をごく簡単に紹介します。なお、カウンセリングと心理療法は、本来、区別されるべきものですが、日本においてはその境界は明確ではない（下山、2001）という立場で記述します。

1-1 精神分析理論

　精神分析の理論は、精神科医であったフロイトによって創られ、人格心理学や臨床心理学へと発展する先駆けとなりました。その特徴や独創性を、藤永（1982）は発達思想の流れの観点から、発達論の原点を創ったものとして、次のように論じています。

①発達論への途(みち)を指し示した

フロイトは、ヒステリー(身体表現性障害[*1]、解離性障害[*2])が、幼児期の未解決の葛藤や心的外傷が無意識のなかに抑圧されて起こるもの、としました。すなわち、身体的症状が物質的・身体的・遺伝的な原因によって起こるのではなく、心理的原因によって起こるという見方を確立しました。これは、ヒステリーなどの精神的な疾患を、一種の発達の障害に帰着させたということになります。

②人格発達の法則を最初に定式化した

フロイトは、「人格は、リビドーと呼ばれる性エネルギーが5つの時期を通過していくことによって形成される」と考え、発達過程のもつ重要性を唱えました。特に幼児期までの経験が、のちの人格形成を決定的に左右する(初期経験として、ほかの時期よりも重要な意味をもつ)とし、人格発達に法則性のあることを最初に主張しました。

③発達段階説を唱えた

人には口唇期・肛門期・エディプス期・潜在期・性器期という、それぞれ異なる性エネルギーの充足(発達課題)を必要とする固有の時期(発達段階)があるとしました。

④親子関係の重要性に新たな視点を示した

初期発達の鍵を握る母子関係の重要性を先駆的に唱えました。また、エディプス期において、親への同一視[*3]の過程で、子どもは性役割を学び始め、親のもつ道徳性や善悪の判断が取り込まれ、内面から自分を律するはたらき(超自我)が発達するとしました。

---

*1 | 身体の病気ではなく、心理的な要因によって身体症状が生じているもの(若林、2002など参照)。
*2 | 第13章、p.190参照。
*3 | 防衛機制のひとつ。ひとりでは不安なので自分以外のものを取り入れて、自分と自分以外の者を融合させて一体感をもつことで安心感を得ようとすること。

⑤知性と人格─知的機能と情動のはたらきは相互に関係があることを示した

　人格はエス・自我・超自我の3つから構成され、とりわけ、意識されない無意識にあって生きるための本能的な衝動(リビドー)をもつエスが、現実の行動や知的なはたらきに多大な影響を与えていると考えました。

⑥誕生時から精神生活があるとした

　精神を形作るエスは誕生時から存在し、口唇期という発達段階があり、その環境に将来の発達が左右されます。すなわち、人は赤ちゃんのときから「精神」をもつことを唱えました。

　このような考えに基づく精神分析療法やカウンセリングでは、クライアントの無意識のなかに抑圧されている幼少期の不快な経験や心的外傷を、カウンセラーがクライアントと共同して、意識の上にのぼらせようとします。

1-2 行動主義の理論(行動療法)

　学習心理学における行動主義の理論では、外から観察できる人間の行動のみを客観的なデータとして取り扱い、行動やその病理を条件づけの仕組みから説明します。条件づけには、パブロフによる古典的条件づけ(レスポンデント条件づけ)と、ワトソンやスキナーによるオペラント条件づけ(道具条件づけ)があります。基本的な考え方は次のとおりです。

1-2-1 人の行動はすべて学習(経験)によって獲得される

　「できなかったことができるようになる」「やっていたのにしなくなる」などは、学習の結果です。学習とは、特定の刺激によって反応(行動)が引き起こされ、その連合(組み合わせ)が獲得されることです。たとえば、「ドリル1ページを勉強したら花丸スタンプ1個を押す」ことで、やる気のない子どもに勉強への意欲を引き出そうとするのは、オペラント条件づけの考え方に

基づく方法です。子どもの行動に対して「すごいね」と褒めたり、「ダメだよ!」と叱ったりすることも、言語的な報酬や罰によってその行動を増やしたり、減らしたりする方法です。

　転校してきた学校の教室で緊張や不安を抱えている子どもに対して、教室で歓迎会をおこなったりすることは、古典的条件づけの考え方によれば、「教室＝なじみのない場所で見知らぬ人がいる不安」という条件反応から、「教室＝温かい気持ち・安心できる気持ち」という条件反応に置き換えていくことです(図2-1、図2-2)。

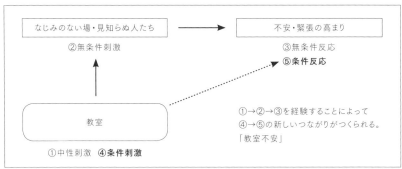

図2-1　教室に不安を感じる条件づけの仕組み

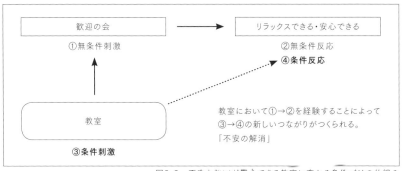

図2-2　不安な教室が安心できる教室に変わる条件づけの仕組み

1-2-2　不適切な行動や病的な症状は、不適切な学習によって獲得されたため、または適切な学習をしていないために起こる

　この考えに立つ行動療法やカウンセリングにおいては、行動分析をおこない、適切な行動それ自体を学習させたり、不適切な行動を消去させたり

して、行動の変容をめざします。

　たとえば、病的な恐怖や不安症状は古典的条件づけによって獲得され、強迫症状はオペラント条件づけによって獲得されると考えます。子どもの問題行動に対しても、同様に考えます。

　不適切な行動を消去するには、1-2-1にあげた古典的条件づけの方法のほか、オペラント条件づけでは、罰を与えるか、報酬をなくすか、の2つの方法があります。たとえば、教室でひんぱんに隣の子どもたちにちょっかいを出す子どもAくんがいたとき、子どもたちが「やめて！」と拒否することや、教師が「注意する・叱る」ことは罰を与えることです。

　しかし、子どもたちや教師に注目してもらうことがAくんの望みだった場合、それは「罰」ではなく「報酬」になってしまい、Aくんのちょっかいはいつまでも減りません。そのような場合は、無視する（＝報酬をなくす）ことによって行動を減らします。学習心理学では、罰を与えるよりも報酬をなくすことの方が行動の変容に効果があるとされます。あるいは、Aくんの本当の目的（注目してもらいたい）に見合った、適切な強化をおこなう（正しい学習をさせる）ようにします。たとえば、ちょっかいを出さないときに教師が注目し声をかけてかかわりを増やす、子どもたちの共同活動でAくんの良さが発揮されそこで注目され認められるように支援する、他児と仲良く遊べるように支援する、などの方法です。

1-3 来談者中心療法

ロジャーズは、助言や指示を中心としたカウンセリングに異を唱え、非指示的な方法を提唱しました。これを来談者中心療法と呼びます。この考え方やそれに基づく技法は、現在の日本でおこなわれている各種のカウンセリングを学ぶ際の基本とされます。

ロジャーズは、人は基本的に自ら成長し自己実現しようとする存在であり、自己治癒する力や強さをもっている、と考えます。人は、自分自身に対する自分の見方やイメージ（自己概念）をもっており、自らに起こった経験を、自己概念という枠組みを通して意味づけし受け取ります。そのとき、自己概念と矛盾する経験は意識に適切に取り入れられず、自身の真実の感情・思い・考えにふれられていません。その不一致の状態が続くと不適応に陥る、とされます（佐治ら、1996）。最も自己実現されている状態とは、自己概念が経験と一致していることです（図2-3）。

したがって、カウンセリングの目標は、クライアントが思い込みによってつくられた自己概念を捨て、自分自身をそのまま受け入れ、あるがままの状態に至ることです。カウンセラーは、クライアントの世界をありのままに受け入れます。それにより、クライアントが何の脅威も感じない、安全な心理的雰囲気を体験し、そのなかで、自ら自己概念を見つめ直して変えていくことができる、とされます。

図2-3 自己概念と適応

来談者中心療法によるカウンセリングの条件とは次の6つです。

①カウンセラーとクライアントが心理的な接触をもっている
　2人の人間がお互いに心を通わせていることが前提です。

②クライアントは自己不一致の状態にある

③カウンセラーが自己一致の状態にある

　「真実であること」「純粋性」ともいわれ、ありのままの真実の感情・考えを心にもつことです。本音や本心を大切にし、必要であればそれをクライアントに伝えること、受容や共感のふりをしないということです。

④カウンセラーがクライアントに対して無条件の肯定的関心をもっていることを体験している

　クライアントの人格全体を無条件に「受容」し、好きになるということです。

⑤カウンセラーはクライアントの世界を共感的に理解し、その経験をクライアントに伝えようと努めている

　クライアントの立場から、あたかも自分がクライアントその人であるかのように、その人の視点からその人の世界を見ます。そうなったときに初めてクライアントを受け入れることができます。

⑥カウンセラーの無条件の肯定的関心（受容）と共感がクライアントにある程度伝わっている

　受容され共感されていると判断するのは、あくまでクライアントである、ということです。

　上の6つのなかで、「カウンセラーに必要な3条件」、あるいは「カウンセリングマインド」とされるものが、③④⑤です。ここで注意しなければならないのは、しばしば、「カウンセリングマインド」とは④⑤の「受容と共感」であるといわれ、③の「自己一致」に関してはあまりふれられないことです。しかし、ロジャーズによれば、3条件のうち最も重要なものは③の「自己一致・真実さ・純粋性」です。本当は相手に対して何かしらの違和感をもっているのに、自分のリアルな感情や思いから目をそむけて受容や共感のふりをすることは、カウンセリングから最も遠い行為といえます。共感ができない場合は、

だからこそ、相手の立場や視点に立ってその世界を理解しようと努め続け、クライアントへのリアルで偽りない共感を、誠実に築いていきます。

　また、「積極的傾聴(active listening)」がカウンセラーの基本的態度とされます。これは、ただ「うんうんと聴く態度」ではありません。また、単なるテクニックでもなく、クライアント個人の価値や意義を認め、尊重しようとする姿勢そのものをいいます。積極的傾聴とは次の3つの態度です(板垣、2004)。

①ことばに表された意味と、裏側にある意味を理解しようとする。

②ことばの背後にあるクライアントの感情を理解し、それを明確にして応答する。

③ことば以外の非言語的な表現(表情、息遣い、姿勢、手の動き、声の調子など)にも注意を払い、それらの背後にある意味を理解する。

　これが成功すれば、クライアントはカウンセラーに深く理解されていると感じ、さらに進んで気持ちを話すようになります。自身が話していることを自分でも注意深く聴くようになり、自分の言いたい考えや感情のあいまいさが自覚され、より正確に表現しようと努力します。その結果、クライアントが自分の経験に目を開き、自己一致がうながされる、とされます。

2. ワーク2の答え

[ワーク2-1の考え方]

1-3に述べたように、カウンセラーの3条件「自己一致」「無条件の肯定的な関心（受容）」「共感」のうち、最も大切なものは「自己一致」です。教師が「カウンセリングマインド」を「何でも受け入れ、共感すること」と誤解して、本来であれば指導し助言したくなる気持ちを抑えて対応することは避けなければなりません。教師としての自己のアイデンティティを押し殺し、自身の感性や実感に目をつぶって、思ってもいないのに、表面的に「受容」し「共感」したふりをすることは、カウンセリングの考え方とはまったく異なります。それはカウンセリングにならないどころか、指導し育てる者としての教師の役割や、日常生活のなかで本気・本音でかかわることでつくられる子どもとの信頼関係を著しく損なうものとなります。

しかし、第1章に述べたように、指導とカウンセリングマインドとの関係は対立するものではありません。カウンセリングマインドは、子どもを教え導き育む立場にある教師だからこそ、携えるべき姿勢であるといえます。また、保護者支援・家庭支援において、難しい場面に直面したり、良い関係がなかなか結べない場合などに、有用に使いたい方法のひとつになります（第4章参照）。

［ワーク2-2の考え方］

　第1章でも述べたように、カウンセリングマインドとは、行動の裏にある気持ちを内面からくみ取って、子どもなりの苦労やがんばりや、そうせざるを得なかった事情を子どもの視点から理解することです。「怠け」「言い逃れ」「うそ」と見える行為の裏側には、必ず子どもなりの理由があります。そのためには、まず、アセスメントをおこないます（第6章参照）。

　個としてのユウコさんの育ちに関して、保護者から話を聴きます。ほかの教師からも情報を集めます。図工や体育に限らず、それ以外の分野（たとえば楽器や筆などの教材の操作）でも、実は苦戦しているかもしれません。図工や体育での意欲の低さは、周りと比べた自己評価の低さによるとも考えられますから、学級集団やそこでの活動のありかたなども、ユウコさんの行動に影響を及ぼしているようです。休み時間や放課後、ユウコさんはどこで誰とどんなことをしているでしょうか。他児はユウコさんをどのように見ているでしょうか。ユウコさんが生き生きと参加できる活動があるでしょうか。一方、ユウコさんの得意なこと、がんばっているところ、良いところもたくさんあるはずです。

　その結果、ユウコさんに発達の弱さや偏りがあると疑われる場合は、特別支援学級の教師・通級指導・外部の専門機関などと連携して対応します（二次的・三次的援助としての教育相談）。微細・粗大運動面の弱さだけではなく、認知発達においても何らかの偏りを抱えているかもしれません。そうであれば、個別の指導計画を立て（第11章参照）、学内でも、図工や体育だけではなく、各科目の指導の方法や内容において「それならもっとがんばれる」という意欲が湧き起こるような工夫を考えます。

　学級では、まず、学級集団をユウコさんにとってより安心できるものにすることです（一次的援助としての教育相談）。人間関係づくりや、学級内での居場所づくり、ユウコさんが活かされ他者から認められる存在としていく取り組みが必要となります。小集団のなかで、ユウコさんのがんばれる役割を与え、さまざまな共同活動を継続的におこない、ユウコさんのがんばっている姿を見せ、得意なこと・良いところを他児に知ってもらうことです。簡単な構成的グループ・エンカウンター[4]をおこなうこともひとつの方法です。たとえば、「○○さんの良いところを3つ発見ゲーム」「××くんは意外にこんなに得意な技があること発見ゲーム」などのエクササイズをおこないます。ただし、そのような方法はテクニックであり、本当にユウコさんがその良いところ

＊4｜構成的グループ・エンカウンターに関しては、次の文献などを参照してください。國分康孝（1992）.「構成的グループ・エンカウンター」國分康孝・片野智治（2001）『構成的グループ・エンカウンターの原理と進め方——リーダーのためのガイド』誠信書房。

や得意なことを、日頃から発揮できる場があることが基本です。

　教師との1対1のかかわりにおいては、ユウコさん自身の自己評価を高め、自尊感情を育てることも大切です。いろいろな場面で「できない」ことや逃げていく場面ではなく、そうではなくがんばっていることやそのプロセスを教師がたくさん評価し、声をかけていくことです。また、図工や音楽や書道などであれば、作品の出来具合よりも、何かを表現する楽しさ、自分をそのなかで表現する快感などに注目する教師の姿勢も、より求められるかもしれません。

　また、「上手に説明ができない」のは、ことばの力と、人間関係の影響があります。教師との楽しい雑談を通じて、ことばのやりとりを楽しむ経験を積んでいくことも重要です。スムーズに会話ができるかどうかは、認知面の問題以外に、「それを伝えたい人がいるか」「話したい内容があるか」にもかかってきます。大人の側が子どもにとって伝えたいと思われる関係になること、話したくなるような経験をつくることが求められます。「マイナスの内容を話すことができない」ことに注目するのではなく、プラスの内容を話せる関係づくりや経験をつくっていくことです。

［引用・参考文献］
藤永　保（1982）.『発達の心理学』岩波書店
板垣昭代（2004）.「来談者中心療法」小林　司（編）『カウンセリング大事典』新曜社
佐治守夫・岡村達也・保坂 亨（1996）.『カウンセリングを学ぶ―理論・体験・実習』東京大学出版会
下山晴彦（2001）.「日本の臨床心理学の課題」下山晴彦・丹野義彦（編）『講座臨床心理学1　臨床心理学とは何か』東京大学出版会
若林明雄（2002）.「解離性障害」下山晴彦・丹野義彦（編）『講座臨床心理学3 異常心理学Ⅰ』東京大学出版会

第**3**章

相談援助の技術1——カウンセリング
マインドを活かす聴き方

　子どもの声を聴く場合の、カウンセリングマインドを活かした聴き方の技法
の基礎を理解します。

ワーク3

ユウくん、謝りなさい！

　小学3年生のユウくんは、思い通りにならないことがあるといきなり物を投げ
たり、他児の遊びを破壊したり、ルールを無視する、などの問題をしょっちゅう
起こします。そのため他児たちもユウくんを疎ましいと思い始め、遊びに入れな
いようになってきました。担任のサトウ先生も、このことに気づいており、頭を
抱えていました。

　ある日の昼休み、同級生の男児たちが運動場でドッジボールをしており、ユウ
くんはその周りを何となくしばらくウロウロして、砂や土などをいじって過ごして
いました。そのそばで、2年生の女児たち数人が「めちゃあて」を始めました。
ボールがユウくんの前に転がってきたところ、ユウくんはそれを拾って「じゃ
まだー！！」と怒鳴り、ボールを拾いきた女児サキさんの顔面に向かって、
50cmほどの至近距離から思い切りボールをぶつけ、すたすたと向こうへ行って
しまいました。事件を伝えられたサトウ先生は、ユウくんを職員室に呼んで話を
しました。

サトウ「どうして呼ばれたか、わかっているね」

ユウ「わかんなーい」

サトウ「さっき、2年生のサキさんにいきなりボールをぶつけたそうだね」

ユウ「知らなーい」

サトウ「皆が見ていたんだよ」

ユウ「……」（反抗的な表情）

サトウ「サキさんは、額が腫れて、その後ずっと保健室で顔を冷やしてもらっています。とても痛かったんだって。大けがをしたかもしれないよ。絶対にしてはならないことです。どうしてそんなことをしたの？　サキさんがユウくんに何かしたの？」

ユウ「…オレのじゃまをした！」

サトウ「どんな？」

ユウ「前に来てじゃました」

サトウ「サキさんも、見ていた人たちも、サキさんはボールを拾いに来ただけなのに、いきなりユウくんがサキさんにボールをぶつけた、って言っています。本当のことを言いなさい！」

ユウ「ボールがじゃま」

サトウ「もし、本当にボールがじゃまだったとしても、拾いに来た人にボールをぶつけるのは暴力というの。許されないことなんだよ。先生も一緒に行くから、保健室に行って、サキさんに謝りなさい」

ユウ「いやだ」

サトウ「もし、ユウくんが同じことをされたらどんな気持ち？」

ユウ「別にいいし」

[ワーク3-1]

　教師の指導はユウくんの心に届いていない様子がうかがわれます。「行動を起こすことと、起こしたくなる気持ちの違い」（第1章参照）に注意し、カウンセリングマインドを用いて指導をするとすれば、どのようなやりとりをしたら良いでしょうか。実際にやってみましょう。

[ワーク3-2]

　教育相談の最終目的は、謝罪と反省のことばを引き出すことではありません。ユウくんの抱える発達の課題に対してそれを支援するためには、どのような方法が考えられるでしょうか。

1. 聴き方の基本的な心構えと技法

1-1 聴き方の基本的な心構え

　教育相談は、設定した面接以外は、一定の閉じられた場所で、時間を決めて落ち着いておこなうものとは限りません。校内のあらゆる場所や機会をとらえておこなわれるものです。しかし、どのようなシチュエーションであっても、子どもの声を聴こうとするとき、その基本的な心構えとして大切なのは次のようなことです。

1-1-1 日常のかかわりを大切にし、信頼関係をつくる

　問題や危機が生じたときに初めて個としてかかわるのではなく、問題が起きていないときの日常的なかかわりを大切にします。また、なかなか近寄ってこない子ども、おとなしい子どもであればあるほど、日頃から声をかけ続けます。

1-1-2 聴き手として積極的に傾聴する姿勢をとる

　相手を尊重し、その話を積極的に傾聴する姿勢を示すことです。アイビイ（1985）の「マイクロカウンセリング」では、その姿勢を「かかわり行動」として、次の4点をあげています。

- ・相手に視線を合わせる。
- ・身体言語（身振り手振りや姿勢など）に配慮する。
- ・声の質（大きさ、トーン、スピードなど）に配慮する。
- ・言語的追跡をする（相手が話そうとする話題を安易に変えたりせずについていく）。

　すなわち、温かい表情で、視線をやわらかく合わせるようにして耳を傾け、やや前傾する姿勢をとります。相手が子どもの場合は、目線の高さかそれ以下の位置まで降りて聴くようにします。背後に反り返ったり、腕を組んだりしないようにします。声のトーンやスピードなど適宜配慮し、相手の雰囲気

に自分も合わせます。相手の話に対しては、途中でさえぎったり、自分の方から話題を変えたりしないように注意します。

1-1-3 非言語的なやりとりを大切にする

　話を聴く際には、ていねいにうなずいたり、あいづちを打ったりしながら聴きます。そのことは相手を励ましたり、話の展開をうながしたりすることにもなります。また、相手の発信することばだけではなく、非言語的な情報（表情・身振り・声の調子など）を敏感に受けとめ、それに応じた反応ややりとりを相手に返していくようにします。

1-2 聴き方の技法

　カウンセリングマインドをもつ聴き方の技法に関して説明します。指導がうまくいかない場合ほど、カウンセリングマインドを意識したかかわりや態度が有効になります。ただし、特に相手が子どもの場合、表出されたことばを、それが不完全なものであっても大切にすると同時に、ことばに頼りすぎないことも重要です。ここでは、それを踏まえたうえで、基本的で重要と思われる聴き方に関して述べます。それぞれの項目にあるエクササイズに取り組んでみてください。

1-2-1 共感

　相手の思いに対して、自分の経験や見方に照らして反論や助言を述べることなく、相手の立場に立ってその気持ちや感情を感じ取り、それを返していくことです。それにより、相手は「受け入れられた」と感じて緊張が和らげられ、より自分を表現しようとします。特に、子どもは日々大人に思いを受けとめられることで自ら育つエネルギーを蓄え、育っていきます。

　ただし、共感とは、本当はそう思っていないのにその違和感を押し殺して、表面的に共感のことばを放つことではありません（第2章1-3参照）。行動それ自体には指導が必要な場合でも、行動を起こしたくなった気持ちと区別

して、その気持ちを相手の立場に立って感じ取ろうとすることです（第1章参照）。

例：メグミさんと友だち関係にある小学3年生のマリさん「メグミちゃんから、今日からもう遊ばない、クミちゃんと遊ぶ、って言われたの」→教師「メグミちゃんがそんなことを言ったの。それはショックだね。どうしてだろうね」

［エクササイズ1］

　授業を抜け出して、保健室で過ごすことの多い中学1年生のヒロミさん「皆が、（自分のことを）給食だけクラスに来るのはずるい、って言ってた」

1-2-2 繰り返し

　相手の話すことばの一部や全部をそのまま繰り返します。それにより、相手は自分をそのまま受けとめられていることを感じ、また、自分の発したことばを確認します。

例：父親が出張で不在となることの多い小学3年生のコウジくん「今日、またお父さんが外国に行っちゃったんだ」→教師「また外国に行ってしまったんだ」

［エクササイズ2］

　父母が離婚し、母親とともに暮らしている小学2年生のユキさん「私のお母さん、会社の社長さんなんだよ」

1-2-3 言い換え

　相手の話すことばを自分の心のなかで再体験し、そのことばのなかにあるキーワードをほかのことばで言い換えます。それにより、相手は理解されていることを実感し、自分の話したことを振り返ることができます。

例：サッカーボールを蹴って遊んでいたところ、ボール遊びをしてはいけない場所にボールが入り込んでしまい、そこでそのままボールを元の場所の方向に蹴ってしまった小学4年生のユウスケくん「超ムカツク。いきなりヨシダ先生に怒鳴られた」→教師「理由も聞かないで突然叱られたからムカムカしているわけだ」→ユウスケ「ケンジとかもやってたのに、オレだけ」→教師「そうか、ひとりだけ叱られたから、よけい腹が立った」

第3章　相談援助の技術1──カウンセリングマインドを活かす聴き方　　　047

［エクササイズ3］
　登校しぶりをしている中学2年生のナツミさん「教室の前まで来て、教室に男子がいるのを見ると、心臓がドキドキするんです」

1-2-4 明確化
　相手の言いたいことや言いたいと思っていること、もつれていたり気づかないでいたりする感情（キーワード）をことばにして返します。それにより、相手は自分の気づかなかったこと、避けていたことにも目が向いていくようになります。
例：小学5年生のコウタくん「算数が90点だったのに、国語が60点だからダメだって、お母さんに叱られたんだ」→教師「がんばって算数でいい点をとったのに、それは褒めてくれなくて、国語が悪いことだけを見て叱られたことにがっかりした、ということなのですね」
［エクササイズ4］
　母親が夜勤のある職に就いている小学4年生のミオさん「私のお母さん、昨日学童から帰ったら、急な夜勤でいなかったの」

048

1-2-5 要約

　相手が言語的・非言語的に伝えたいことや話の主旨を要約し、思考をまとめることを援助します。「言い換え」や「明確化」と似ています。

例：昼休み、小学3年生のマサルくんは得意で大好きな泥団子を作り、倉庫わきに大事に置いておいたところ、1年生のヨウスケくんが蹴飛ばしてしまい、壊れてしまった。マサルくんはかっとなってヨウスケくんの足を蹴ったので、ヨウスケくんは泣きじゃくる。マサル「昨日も壊した！　だから、倉庫の横に置いておいたんだ！　この前も、学童でシンヤがいじって壊した。もう3回目なんだ」→教師「1年生の子に泥団子を壊されたから、ここなら大丈夫と思って置いたのに、また壊されたのね。学童でも、別の子にだけど壊されちゃって、全部で3回も壊されたから我慢ができなくなったのね」

［エクササイズ5］

　小学5年生のツヨシくんは、体育で自ら立候補して「班長」になった。それなのにぐずぐずと体育館に行ったため、班長がするはずの準備が遅れ、同じ班のソウタくんから「おまえ、班長だろう！」と強く非難された。あわてて準備に取り掛かろうとすると、班の女子たちがすでに代わって準備をしてくれており、班長の出る幕がない。ツヨシくんは大泣きしてしまう。ツヨシ「だって、途中でおもしろい虫を見つけたから…。でも、ズルしてない。準備しようと思ってたんだ。ユリちゃんとハルカちゃんが、僕がしなくちゃいけない仕事をしてた」

1-2-6 支持・援助

①保証

　不安を抱いていることに対して励まし、勇気づけます。

例：秋の行事での実行委員長に選ばれた中学2年生のユウキくん「委員長なんて、ぼくなんかにできないよ」→教師「大丈夫、皆が認めている証拠だから」

［エクササイズ6］

　班長なのにささいなことでケンカをしてしまい、活動に入れない小学4年生のハルオくん「ぼくのことはいいから、皆でやってよ」

②ポジティブなフィードバック

　相手の良いところや得意なこと、強いところや健康な部分を見つけて、認めます。

③相手の資源、問題解決力、社会的サポートの有無やその状態の確認

　過去の成功体験や褒められたこと、不得意なことを得意にした経験、気持ちが落ち着いて良い気持ちになれる資源（場所・趣味・好きなことなど）を聴きます。困ったときに誰に相談するかなど、援助を求めることができる相手は誰か、他者に援助を求める力がどの程度あるかも聴き、それをフィードバックして相手にもそのことを気づいてもらいます。

［エクササイズ7］

　②③を2人1組でやってみましょう。

1-2-7 開かれた質問と閉ざされた質問[*1]

　相手の話が途絶えたり、話が混乱していたりするときに質問をして、話を進行させたり、整理したりします。

　開かれた質問とは、相手が自由にいろいろ答えることができる質問のことです。自由に話せますが、年少の子どもや緊張の強い人、枠組みがないことを話すことが苦手な人などにとっては、かえって答えにくいものです。たとえば、「どうしましたか？」（導入）、「どんなふうに感じましたか？」（感情を聴く）、「それからどうなりましたか？」（経過を聴く）、「具体的には？」（具体例を引き出す）、「あなたはどうなれたら良いと思うのですか？」（目標を定めさせる）などの問いです。

　閉じられた質問とは、相手が「はい」「いいえ」や一言で答えられる質問のことです。年少の子どもや緊張の強い人、枠組みがあれば答えやすい人などにとっては答えることが容易になりますが、話が展開しにくいという面もあります。この2つの質問を上手に使い分けると良いとされます。

例：体育館に行きたがらない中学2年生のユカリさん「あたし、体育館の中に

[*1]｜アイビイなどによって開発されたマイクロカウンセリングの技法のひとつ。

いるのがいや」
→開かれた質問:「体育館の中では、どんな感じがするのですか?」
　閉ざされた質問:「いつでもいやになるのですか?」
[エクササイズ8]
　次の発言に対して、「開かれた質問」と「閉ざされた質問」をしてみましょう。
　ひとり親家庭で、帰りの遅い母親に代わって、高校生の姉が主に面倒をみてくれている小学4年生のアカネさん「家に帰ると、お姉ちゃんが怖い」

1-2-8　沈黙

　カウンセリングにおいて、沈黙にはいくつかの大事な意味があります（金沢、2004）。

- 何を話して良いのかわからず、相手を待っている。
- 自分の考えをまとめたり、ことばを選んだりしている。
- 互いに相手の出方を待っている。
- 一段落して次の段階に進もうとしている。
- ともに安らぎをもつ。
- クライアントが混乱している。
- クライアントがカウンセラーに対して敵意・反感をもったり、カウンセリングに失望したりしている。

　いずれにせよ、急いで沈黙をやぶろうとしないで、しばらく待ったり、1-2-7の「質問」をしたりします。

2. ワーク3とエクササイズの答え

［ワーク3-1の考え方］

サトウ「先生に呼ばれて、いやーな気持ちがしているよね。どうせ叱られる、っていやな気持ちだよね。でも、がんばって来てくれたね。ありがとう。さて、さっき、先生はサキさんのことを聞きました。話せるだけでいいから、お話を聴かせてくれるかな」→今の気持ちを共感・受容しながら指導へ

ユウ「……」

サトウ「サキさん、額が腫れて、今、保健室で顔を冷やしてもらっています。とても痛かったんだって。大けがをしたかもしれないよ。絶対に、二度としてはならないことです。でも、ユウくんにはボールをぶつけたくなったわけがあるんだよね。わけを話してくれるかな?」→行動に対しては毅然とした指導をしつつ、その気持ちを質問する（開かれた質問）

ユウ「……」

サトウ「いやなことでもあった?」→閉ざされた質問

ユウ「…うん」

サトウ「どういう?」→開かれた質問

ユウ「オレのじゃまをした」

サトウ「じゃまをした」→繰り返し

ユウ「前に来てじゃました」

サトウ「ユウくんが遊んでいたところに、サキさんが来てじゃましたの?」→閉ざされた質問

ユウ「そういうわけじゃない」

サトウ「じゃあ、何がじゃま?」→開かれた質問

ユウ「ボールがじゃま」

サトウ「そうか、ボールが転がってきて、それがじゃまだと思ったんだ」→言い換え

ユウ「すごくムカツいた」

サトウ「ボールを見て、とってもいやな気持ちになったんだね」→共感

ユウ「……」（うなずく）

サトウ「そうか、ボールにムカムカしたから、拾いに来たサキさんにムカムカをぶつけたんだ」→要約

ユウ「……」

サトウ「……」→沈黙

サトウ「ということは、サキさんは悪いことをしていなかった」→閉ざされた質問

ユウ「…うん」

サトウ「そうか、じゃ、サキさんにぶつけたのは、違ってた」→明確化

ユウ「……」（うなずく）

サトウ「そうだね、えらい！！　違う、って言えたね！」→支持・援助

ユウ「うん」

サトウ「ボールにムカついたのだから、サキさんを痛い目に合わせたらいけなかったね」→明確化

ユウ「うん」

サトウ「それじゃあ、一緒に保健室に行って、サキさんに謝ろうか」→指導

[ワーク3-2の考え方]

　　自己中心的な暴力行為に対しては、毅然とした指導が前提となるのは言うまでもありません。しかし、ユウくんなりに行動を起こしたくなった思いや文脈があり、そうすることしかできない発達の弱さがあります。教師としては、カウンセリングマインドをもって、行動を起こしたくなった気持ちを理解しながら謝罪や反省へと導きますが、真の支援目標は、「そういうことをしなくてもいいように」発達そのものをうながすことです。

　　ユウくんのなかには「ドッジボールに入りたい、でも入れない、入れてもらえない」という、同級の男児たちからの否定的な見方に対する気づきがあるようです。背景には、ユウくんの、感情の自己コントロール力や対人的な相互交渉をおこなう力の未熟さがあります。そのため、ルールを守って遊んだり、集団行動をとったりすることがうまくできなくなるのでしょう。そして、周囲の子どもたちの否定的な評価も定着し始めており、そのことがまたユウくんの自己評価を低め、情緒のコントロールをいっそう難しくしているのかもしれません。

　　支援の課題は、集団のなかで自己主張と自己抑制を適切におこないながら、ルールを守って、活動や遊びに参加できるようにしていくことです。そのためには、子どもの得意なことを活かした活動や役割のなかで、あるいは、ユウくんを比較的迎え入れてくれる子どもたちのなかで、少しでもルールを守って参加できる場面を積み重ね、教師や他児からの肯定的な注目が与えられるようにします。また、そのためには、まず教師と子どもとの信頼関係づくりが土台となります（第1章参照）。

［エクササイズ1の解答例］
「給食のときは皆と一緒にいられるんだよね。そんなことを言われるとショックだね」

［エクササイズ2の解答例］
「そうなんだ、ユキちゃんのお母さんは社長さんをしているんだね！」

［エクササイズ3の解答例］
「男子を見ると、教室に入るのが怖くなるのですね」

［エクササイズ4の解答例］
「そうか、いつもはわかっているのに、昨日は知らなかったからさびしい気持ちになったんだね。ミオちゃんも、がんばってお母さんに協力しなくちゃ、という気持ちがあるんだね」

［エクササイズ5の解答例］
「ちゃんとやろうと思っていたのに、できなかった。それを厳しく言われて、班長の仕事も女子がやってしまってショックなのね。皆に悪いとも思っているのですね」

［エクササイズ6の解答例］
「ハルオくんならできるはずだ、と皆が期待しているんだよ」

［エクササイズ7の振り返り］
　エクササイズの結果、お互いにどのような気持ちになりましたか。話し合ってみましょう。

［エクササイズ8の解答例］
開かれた質問：「お姉ちゃんはどういうふうに怖いの？」
閉ざされた質問：「いつも怖いの？」

［引用・参考文献］
アレン・E・アイビイ(1985).福原真知子・椙山喜代子・國分久子・楡木満生（訳編）『マイクロカウンセリング—"学ぶ‐使う‐教える"技法の統合：その理論と実際』川島書店
金沢俊之(2004).「沈黙」小林 司（編）『カウンセリング大事典』新曜社

第**4**章

相談援助の技術2──カウンセリング
マインドを活かす保護者との関係づくり

　特に保護者を相手とした教育相談において心得ておくべき姿勢や態度を理解
し、保護者とどのように信頼関係をつくっていくかを考えます。

ワーク4

ヨシオくんみたいな子、初めてです

　小学2年生のヨシオくんは、成績は優秀なのですが、担任のスズキ先生は
いろいろなことで手を焼いていました。ヨシオくんは集団活動から外れて一人
勝手な行動をとることが多く、全体での話が聞けず、集団でのゲームにも参加
したがりません。ことばは達者で、「口では何でも正しいことが言える」のですが、
実際に行動に移すことは苦手で、特に共同の活動がなかなかできません。友人
関係は少なく、興味も偏っており、現在は古代の遺跡や恐竜のことで頭がいっ
ぱいです。そこで2年生の3学期、スズキ先生は保護者と面接をおこなうことに
しました。保護者には、「ヨシオくんに、集団生活についていけないところがある
ので相談したい」と伝えてあります。

　あいさつの後、スズキ先生はさっそく話に入りました。
スズキ「さて、ヨシオくんのことなんですが」
母「ヨシオが、集団生活でうまくやっていないとおっしゃっていましたよね…?」
スズキ「ヨシオくんにはたいへん自分勝手なところがあって、クラスの皆と同じ
ことができなくて、とても困っているんです」
母「えっ!?　それは　本当なんですか」
スズキ「はい。ちょっとお話ししにくいのですけど、クラスの皆が我慢しています。
皆がやさしいので何とかやっていけているのですが」
母「……」(驚きのあまりことばが出ない)
スズキ「家ではどうなんでしょうか。何でも自由にさせていらっしゃるとか」

055

母「いえ、何でも好きなようにさせているつもりは全然ないのですが。そうなんですか…。皆にご迷惑をおかけしているのですか。全然知りませんでした。家では、ちょっと落ち着きはないですけど、妹をとてもよくかわいがるし、手伝いも言えばやってくれるし、明るくて良い子で…」

スズキ（最後まで言い切らないうちに教師がことばを返す）「でも、学校では友だちも少ないし、皆と仲良く遊べてないんですよ。クラス皆でやることにも入ろうとしないので、皆が代わりにやってあげたり、その都度誘ってあげています」

母「はあ…そうでしたか」

スズキ「皆でゲームをするとき、話を聞かないで勝手なことをします。習字や水泳の時間なんかも、ルールや担任の指示を聞いていなくて、自分のしたいことをします」

母「そうだったのですね」

スズキ「私、こんなお子さんを見たのは初めてです。家で我慢させていることはないですか？　それで、もう3学期で、来年度はクラス替えもあるし担任も替わりますので、新しい担任にヨシオくんの問題を伝えなくてはいけません。お母さん、家でもヨシオくんによく言い聞かせてください」

母「わ、わかりました。家でよく言い聞かせます」

　母親はこの面接に驚愕し、心理的にもショックを受けました。このとき以来、ヨシオくんに対して学校でのことを厳しく問いただすようになり、悩んでいます。ヨシオくんには「先生や友だちの話を聞くようにがんばる」ことを常に言い聞かせています。

［ワーク4-1］

　スズキ先生の面接は、保護者との信頼関係を形成するものにはなっていないようです。どこがどのように不適切なのか、考えてみましょう。

［ワーク4-2］

　スズキ先生の面接をより適切なものにするには、どのようにしたら良いでしょうか。実際にやってみましょう。

1. 保護者対応の基本と相談の実際

1-1 保護者対応の基本

　昨今、保護者との連携や関係づくりは、教師にとって難題となっています。その背景のひとつには、序章に述べたように、子育て困難社会の進行のうえに、近年の経済不況による貧困化が追い打ちをかけ、子どもの養育環境に格差社会を反映した段差が広がっていることがあります。そのため、児童虐待とまではいかないけれども、子育てに手の回らない、マルトリートメント[*1]ともいえるような養育状況が少なからず見られるようになってきました。

　一方、「モンスター・ペアレント」と揶揄されるような、教師や学校に常識を超えた要求や無理難題をつきつける保護者も増えたといわれます(小野田、2006)。そこには、公的で社会的な教育機関に対して、営利を目的としたサービス業と同様のサービスを要求する、消費者意識にも似た感覚があるようです。かつての、「学校に家庭や地域が絶対に合わせるべし」といった暗黙のルールや価値観が、もはや通用しなくなっているといえるでしょう。さらに、家庭のありかたも多様化し、学校や教師には、地域のなかでほかに頼るべきもののない保護者や家庭を支えたり、保護者同士の人間関係づくりを手伝ったりするといった、保護者支援・家庭支援の役割も求められています(第13章参照)。

　ここでは、そのような状況のなかで、保護者への対応や関係づくりに際して望まれる、教師としての基本的な姿勢や見方について記述します。

1-1-1 子どもとの信頼関係や優れた教育実践のうえに、保護者との良好な関係が成立する

　保護者との関係づくりや対応方法を考える際、その大前提としてあることは、言うまでもなく、子どもが毎日生き生きとして楽しく学校に通っていると

---

*1 | 「不適切なかかわり・養育」という、児童虐待よりも広い概念を指します。

いう事実があり、「子どもが先生を信頼しているようだ」「優れた教育実践がおこなわれているらしい」と保護者が安心感をもてていることです。この大前提が十分に保障されないところで、カウンセリングテクニックや、それに類する諸々のスキルを活かした関係づくりをめざすのは、本末転倒と言わざるを得ません。

そのためには、子どもに「授業がわかる」「できなかったことができるようになった」「友だちがいる」「楽しい活動がある」「クラスのなかで認められている」「先生が気持ちをわかってくれる」「がんばって○○に挑戦したい」と思えることがたくさんあって、「家にいるより学校に行った方が楽しい!」と子どもが感じていることが必要です。子どものそのような声や姿を通して、保護者は教師に信頼を置きます。それによって教師も自信が得られ、日々の実践への意欲につながり、子どもの成長がさらにうながされます。そして、子どもが学校で確かに成長・発達していることが保護者に実感されることによって、より大きな信頼関係がつくられていくという、プラスの循環が生まれます。

1-1-2 日常のコミュニケーションを大切にして、信頼関係をつくる

対子どもの場合と同様に、問題や危機が生じたときに初めて保護者とかかわるのではなく、問題が起きていないときの日常的な関係を大切にします。特に、保護者会にも参加が少なく、関係が疎遠になりがちな保護者であればあるほど、電話連絡や、気になることがあれば家庭訪問をするなど、日頃からこまめにコミュニケーションをはかるように心がけたいものです。

その際に留意することは、「全人的なかかわり」を心がけることです。そのために、吉田(2007)は、日頃の保護者とのかかわりに、子どもや子どもの問題以外の「雑談」を多く取り入れることを勧めています。雑談はリラックスと余裕を生みます。また、趣味や特技、仕事の話や昔話などを交わすことは、親を親としてだけ見るのではなく、ひとりの女性や男性、社会人、先輩後輩、知り合いや趣味人などとして、多様な側面から相手の人となりを見ることになり、好感をもちやすくなります。吉田(同)は、好感をもつ相手であれ

ばあるほど、雑談を多く交わし、またそのことが好感度のアップにつながり、良い循環が生まれる、といいます。また、雑談を通して、子どもを取り巻く生活環境をより理解することにもなります。さらに、雑談を交わすことは、たとえ困難な問題に悩む場合でも、人はそのことだけで生きているのではない、ということをお互いに確認できます。それは、ひとりの人間としての保護者の健康で強い部分を教師が認めていることになり、保護者へのエンパワーになります。

1-1-3 教育実践と子どもたちに関する基本的な情報を開示する

　河村(2007)は、教師と保護者との信頼関係の基本にあるのは「情報開示」であるとし、開示すべき情報として、次の3点の重要性をあげています。

①教師の教育実践に関する考え方と展開する方法

　学年と学期の初めに表明する。何を重視し、どのような方法でおこなうのかなどに関して、具体的に説明する。同時に、教師自身が「どういう人間なのか」を理解してもらえるような情報も自己開示する。たとえば、専門領域、趣味や特技、家族構成、出身地など。

②日常の教育実践の様子や、子どもたちの学級生活の様子

　定期的に伝える。授業時はもとより、休み時間・給食時など、日常生活のさまざまなトピックスを取り上げ、特定の子どもに偏ることなく、学級生活の全体像がイメージできるように保護者に伝える。

③節目ごとの成果

　学期・学年の終わりに明示する。プラス面だけではなく、マイナス面も含め、資料に基づき、教育実践(学習や友人関係など)の成果を開示する。マイナスの事柄については、それに対する今後の対応策も表明する。

　そして、このような情報開示は、まずは保護者会や学級通信などを通じて保護者全員に均等におこない、保護者によってもっている情報にズレがないようにします。

1-1-4 学校や教師に対する保護者のニーズを把握する

　河村(同)は、保護者対応のために、学校からの情報開示とともに、学校に対する保護者のニーズを把握することをあげています。そのために、「学級通信やアンケートを利用して要望を取り入れようとする姿勢を示す」「保護者たちの主要な要望を全体に開示する」「要望に対する教師の考えや、要望を取り入れた実践の成果を開示する」ことを提唱しています。

1-1-5 子どもの育ついろいろな「場」の意味とその違いを理解する

　子どもは、学校も含め、多様な場・多様な人々との関係のなかで育ちます（第5章参照）。その際、それぞれの場の違いやそこでの人間関係の質と重さの違いによって、子どもはさまざまな姿を見せます。ところが、「保護者は「家庭では何も問題はありません」と言うが、学校では問題だらけで、そのことを保護者が理解しない。協力的ではない」といった悩みが聞かれることがあります。

　これには2つのパターンがあります（西本、2008）。ひとつは、家庭でもある種の問題が生じているようなのに、保護者が気づかないか、あるいは、うすうす気づいているが意識的・無意識的に考えないようにしているような場合です。あるいは、何らかの事情で子どものことにまで手が回らないために意識できないような場合です。2つ目は本当に問題がないか、家庭では困らない場合です。

　第1の場合、家庭での状況に問題があるかないかの判断はできません。もし保護者に、問題を指摘されまいとする心理がはたらく場合、その背景にあるものを理解し、「保護者とともに子どもの発達を支える」という姿勢をもち（1-1-6に後述）、具体的な実践によって子どもの成長をうながします。生活の困難やほかの問題のために、保護者が子どもの問題にまでなかなか意識が届かないような場合は、必要に応じて他機関と連携しながら家庭を支え、学校での実践に力を注ぎます（第13章参照）。

　第2の場合、十分にあり得ることとして理解します。子どもの姿は、多層の生態学的な構造や時間の文脈から成り立っており、子どもの姿は生活する

その場でつくられます（第6章参照）。人は、場の違いに応じて、質と重みの異なる人間関係を結び、その場に要請される行動をとろうとします。

　たとえば、中程度の知的障害を伴うASD（第11章参照）があり特別支援学級に通っていたAくんは、学校では発語が少ないうえ、表情などの非言語的な手段も豊かではありませんでした。しかし放課後、学童保育に帰っていくと、複数の大好きな指導員に対して崩れるような笑顔で接触を求め、特有のことばや身振りによってさまざまなコミュニケーションをはかっていました。それを見た担任の教師は非常に驚き、それまでのAくんへの見方を変えたそうです。

　いずれにせよ、「どの姿が本当の○○くんか」「家庭で問題がないのはおかしい」のではなく、場が違えば子どもの姿が違うのはあたりまえ、という認識からスタートします。そして、「学校で問題がある」のであれば、学校で育てるべき事柄につまずいている、という認識のもとに、問題状況をアセスメントし（第6章参照）、できる実践に踏み込みます。そしてその際、学校でのより良い実践のために、むしろ「学校ではわからない、家庭での姿を教えてもらう。教師には見えない、保護者側からの視点と情報を提供してもらう」という姿勢をもちます。

1-1-6 保護者は子どもを育てる作戦チーム・援助チームの重要な一員と見る

　1-1-3にも関連しますが、問題の原因を、家庭や親の子育てに即座に帰す考え方はいまだに根強くみられるようです。「家庭に問題があるから学校で問題を起こす」というシンプルな因果関係をあてはめ、学校でのトラブルや問題は保護者に指摘すれば解決につながる、と考えられることはいまだに決して少なくありません。

　しかし、子どもの姿はさまざまな要因の相互作用のもとに形作られています（第5章・第6章参照）。子どもの育ちにとって、家庭や親子関係が重要であることには間違いありませんが、それだけで子どもの姿が決まるわけではありません。保護者とは、責任を問う相手ではなく、ともに子どもを育てる作戦

チームの一員、子どもの援助チームの重要な一員です。そのような見方が教師にあるとき、保護者との信頼関係が得られます（第12章参照）。

1-2 カウンセリングマインドを活かした相談の実際

　保護者との相談・面談において、カウンセリングマインドを活かす聴き方の基本は第3章に述べた事柄と同じです。ここでは、それに加えて、さらに配慮すべき事柄を説明します。

1-2-1 面接の設定・準備
　保護者との面接のために、次のような事柄に配慮します。

①面接の内容と目的を伝える

　話し合いの内容について簡単に伝えると同時に、子どものより良い成長のための相談であること、保護者に責任を帰すのではなく、ともに考えるための相談であることが伝わるようにことばを選びます。

例：「○○くんが○○について乗り越えていけるように、学校でできることを考えたいと思います。そのために親御さんとご相談して、良い方法を見つけたいのです」

　また、学校側では誰が面接の場に同席するのかも、その理由も含め、あらかじめ伝えておきます。

例：「担任の私と、○○ちゃんをよく知っている保健室の養護教諭の○○が同席してお話をさせていただきますので、よろしくお願いします」

②時間の設定

　保護者の都合を優先しながら、原則として「○月○日、○時○分から○時○分まで」と明確に時間を設定します。約1時間程度を目安にします。

③面接の場所や部屋のセッティング

　静かな落ち着いた部屋（通常は学校の面接室）で、部屋の外には「面接中」

の札をかけておきます。保護者と教師の座る場所は、90度の角度ではなく、45度になるようにします。複数の教師が同席する場合、担任は保護者に最も近い位置に座ります（図4-1）。

④準備する資料

テーマに関する具体的な記録や資料を準備します。マイナスの情報だけでなく、子どもに関するプラスの情報や資料も準備します。

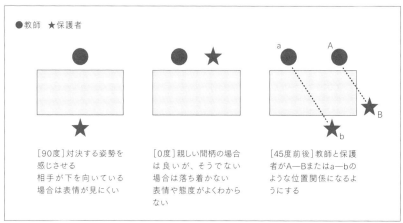

図4-1　面接での座り方

1-2-2 面接の内容

①ねぎらいと感謝のことばから入る

面接に来るまでの保護者の気持ちは、たいていの場合、心地良いものではありません。教師と面接の約束をした直後から面接の始まるそのときまで、あるいは面接中ずっと、不安が募り重たいものです。その思いをまず教師がことばに出して、相手の気持ちに寄り添う、という姿勢を示します。

例：「今日は、お忙しいところお時間を割いて学校にまでお越しいただきまして、ありがとうございます。学校で教員と話をするなんて、気が重いと思っておられますよね。ご負担かと思いますが、よろしくお願いします」

②保護者の話を聴くことに重点を置く

　雑談、過去から現在に至る家庭での子どもの様子、家庭に関する話、子育ての苦労など、保護者の話をまずゆっくり、ていねいに聴きます。なかなか共感できない、好感がもてないと思う保護者であればあるほど、好感のもてそうな部分を意識して見つけ、子どものプラスの面を積極的に話題にし、カウンセリングマインド（第3章参照）をもって、ていねいに聴きます。何といっても子どものことを最もよく知っているのは保護者であり、重要な情報源なのです。背景をくわしく知れば知るほど、問題の構造が理解できるようになり、適切なアセスメントにつながります（第6章参照）。そして子どもや家庭の問題に対して共感的に理解できるようになり、解決方法も見出しやすくなります。

③教師が「問題」として保護者に話したいこと・保護者への「助言」は急がない

　「保護者の話」対「教師の話」の比率は、原則として前者を大きくとります（6対4から7対3）。1回の面接で解決させてしまおうとしないことです。保護者の話を十分に聴くことが、その後の保護者との関係を良好にし、問題が多面的に把握され、適切な展開につながります。

④面接はともに考えるための作戦会議として展開させる

　保護者の側は、面接で一方的に子どもの悪い点を指摘されるのではないか、家庭のありかたを改めてほしいという要求がたくさん出されるのではないか、という不安がぬぐいきれないものです。しかし面接は、今まで学校で努力してきた実践やその成果を伝えたうえで、今の課題を提示し、学校と家庭とでどんなことをやっていけば良いのかを考える場であり、それが保護者に十分伝わるようにします。そのことが、保護者の教師に対する不信や不安感を払拭します。

　逆に、今までの実践の報告や具体的な実践への提案がないところで、子どもの問題像だけを伝えると、家庭では騒然となり、面接以降、保護者が子どもに「どうしてそんなことをしたの！」と、昼間にあったことを延々と叱責するばかりの関係になるようなことは珍しくありません。そのようなとき、子どもは学校で何かトラブルを起こすと「連絡帳に書かないで！」「お母さんに言わ

ないで!」と、そのことばかりを必死に頼むようになります。親子関係も不当に悪くなりかねません。

⑤面接後の保護者の気持ちや親子関係がマイナスにならないよう配慮して面接を終える

　学校や、学校でおこなわれる教育相談は、肯定的な親子関係の形成を支えるものでありたいものです。家庭でも、学校などの集団の場でも、温かい肯定的な雰囲気が基本にあるとき子どもは成長します。面接後、保護者が途方に暮れたり、落ち込んだりするばかりで、家庭の雰囲気や親子関係に悪影響を与えるとしたら、面接の意味がありません。面接の到達目標は、教師の伝えたいことが十分伝えられるかどうかではありません。面接の後、保護者が「あの教師だったらこれからも話をしてみようか」「前向きに考えてみたい」「(面接の前に比べて)元気になれた」「来て良かった」と思えるかどうか、にあります。

2．ワーク4の答え

［ワーク4-1の考え方］

あいさつの後、スズキ先生は<u>さっそく話に入りました</u>。→ねぎらいや感謝のことばがありません。

スズキ「さて、ヨシオくんのことなんですが」

母「ヨシオが、集団生活でうまくやっていないとおっしゃっていましたよね…？」

スズキ「ヨシオくんにはたいへん自分勝手なところがあって、クラスの皆と同じことができなくて、<u>とても困っているんです</u>」→<u>まず、教師の言いたいことを話し始めています。特に「困っています」という言い方は、教師は被害を受けている、その責任は子どもと保護者にある、と伝えようとしていることになります。</u>

母「えっ!?　それは…本当なんですか」

スズキ「はい。ちょっとお話ししにくいのですけど、<u>クラスの皆が我慢しています。皆がやさしいので何とかやっていけているのですが</u>」→<u>具体的なエピソードや根拠がなく、教師の主観に基づくクラスの子どもたちの態度や、前の発言と同様の主観的な困り感を述べているだけなので、保護者は判断のしようがありません。</u>

母「……」（驚きのあまりことばが出ない）

スズキ「家ではどうなんでしょうか。<u>何でも自由にさせていらっしゃるとか</u>」→<u>母親の驚きや心理的なショックを感じている様子に対して配慮がなく、親の思いに寄り添い共感しようとする姿勢がありません。子どもの行動を「家で自由にさせているため」と家庭にその原因を探そうとしています。</u>

母「いえ、何でも好きなようにさせているつもりは全然ないのですが。そうなんですか…。皆にご迷惑をおかけしているのですか。全然知りませんでした。家では、ちょっと落ち着きはないですけど、妹をとてもよくかわいがるし、手伝いも言えばやってくれるし、明るくて良い子で…」

スズキ（最後まで言い切らないうちに教師がことばを返す）「でも、学校では友だちも少ないし、皆と仲良く遊べてないんですよ。クラス皆でやることにも入ろうとしないので、皆が代わりにやってあげたり、その都度誘ってあげています」→<u>相手の話をよく聴かないで、自分の主張をしようとしています。また、前の保護者の発言を即座に否定しています。</u>

母「はあ…そうでしたか」

スズキ「皆でゲームをするとき、話を聞かないで勝手なことをします。習字や水泳の時間

なんかも、ルールや担任の指示を聞いていなくて、自分のしたいことをします」→この発言を含め、すべて子どもの否定的な面だけを、一方的な視点から取り上げています。

母「そうだったのですね」

スズキ「私、こんなお子さんを見たのは初めてです。(1) 家で我慢させていることはないですか?(2) もう3学期で(3)、来年度はクラス替えもあるし担任も替わりますので、新しい担任にヨシオくんの問題を伝えなくてはいけません。お母さん、家でもヨシオくんによく言い聞かせてください(4)」

母「わ、わかりました。家でよく言い聞かせます」

(1)「こんな子どもを見たのは初めて」「こんな子どもを見たことがありません」は、教師が困っていることの正当な理由になりません。

　どんな子どもでも、かつて見たことのない一人ひとり異なる独自の存在であり、一人ひとりの子どもに応じた実践を編み出すのが教師の専門性です。過去の例やパターンに沿う(と思われる)子どもだけしか教育する力がありません、と言っていることになります。

(2)学校での問題の原因は家庭にある、家庭での欲求不満に原因があるという考え方を提示しています。親は自分の子育てを根拠なく責められていると感じます。

(3)学年を終える3学期になって、初めてこのような内容を保護者に伝えることは不適切です。

　学年の終わりになってようやく教師が動いていますが、遅いといえます。それ以前に、もっと日常的に、子どものユニークさや、教師として感じている子どもの課題を保護者に伝えて共有し、ほかの教員と協働して具体的な対策をとります。そして、それまで学校でおこなってきた子どもに対する具体的な実践を保護者に報告しながら、現在の課題を教育実践の課題として伝え、ともに話し合います。

(4)保護者との面談の目的が不適切です。

　面談は、子どもの成長のためのいろいろな方策をともに考えるためにおこないます。ここでは、「家庭で言い聞かせてほしい」と、家庭に責任を帰し、それを依頼する(親に指導する)ことを目的としています。

　全体として、否定的な内容に終始しており、面談後の保護者の気持ちや親子関係を配慮するものになっていません。

［ワーク4-2の考え方］

面接は、2年生1学期の終わりに設定します。

スズキ「今日はお忙しいところ、おいでくださってありがとうございます。今日はかなり暑いですねえ。私もお母さんのような服装をしてくればよかったです。涼しそうで、すてきなシャツですね」→ねぎらいと感謝のことば。相手をひとりの人間として尊重し、関心をもつことを示す雑談から始める。

母「ああ、ありがとうございます。朝はあんまり暑くなりそうではなかったですね」

スズキ「そうですよ、私は遠距離通勤なので、朝出てくるのが早くって、ときどき服装がおかしくなるんですよ。クラスで私だけが暑い、暑いと言っていて、子どもたちに笑われます」→雑談で緊張を和らげる。

母「毎日、ご苦労様です。それで…ヨシオが、集団生活になじまないところがあるとか…？」

スズキ「ええ、まあ。お電話ではそれしかお伝えできなかったので、すみません。さぞかし不安に思っていらっしゃったのではないでしょうか。そうだとしたらすみません」→ねぎらいと共感のことば。

母「ええ…。とても心配で」

スズキ「そうですよね。ご心配ですよね。いや、ヨシオくんはおもしろいところがいっぱいあって、興味をもつ事柄には深くのめりこんでいくのですよね。これなんか、すごいです」（ヨシオくんが作成した「恐竜図鑑」や「歴史新聞」などを保護者に見せる）→共感しながら、肯定的な資料に基づき、肯定的な話から入る。

母「そうなんです、興味が狭いんですけど、はまったらとことん追求します」

スズキ「そういうお子さんは楽しみですね。ご家庭では、どんな様子ですか」

母「家では、本が大好きです。妹をとてもよくかわいがるし、手伝いも言えばやってくれるし、明るくていい子だと思っていたのですが…」

スズキ「明るくていいお子さんです。妹さんにはとてもやさしいお兄ちゃんなんですね」

（母親は、妹とのかかわりや、父親のことなど、家族の様子を語る）

スズキ「そうなのですね、お父さんは土日にはたくさん遊んでくださるのですね。ところで幼稚園ではどうでしたか？」

母「幼稚園は自由保育が中心で、のびのびと育ちました。やっぱり、小さい頃から虫とか大好きでしたけど、字を読むのも早かったし、外遊びよりも本を読む方が好きでした。でも…ちょっと、その頃から「トットちゃん」*2みたいな子どもで、

カウンセリングマインドを使って聴く▼▼▼

幼稚園ではそれで良かったけど、学校ではやっぱり少しそういうところが目立ってくるのかなと…」
スズキ「トットちゃんみたいな子ども」
母「不器用で、たとえば『ゴジラ』の映画を見ると、しばらくゴジラで頭がいっぱいになって、家でも一日中ゴジラのことを考えているんです。『ハリーポッター』を見ると、1週間くらいは寝ても覚めても魔法使いのことを考えていて、ご飯を食べたり、お風呂に入るのも、いちいち言わないといけないくらいになって困るんです」
スズキ「一日中ゴジラ！ ヨシオくんらしいですね。それで授業中も、ノートがゴジラだらけだったり、ハリーの杖がいっぱい書いてあったりするんだ。でも、お母さんも大変ですね」
母「そうなんです。それだけじゃなくって、自分の部屋に物を取りにいって本が目に入ると、そこで目的を忘れて、えんえんと読みふけっちゃうんですよ」
スズキ「ああ、それで、しなければいけないことを忘れるわけですね」
母「きっと、そういうことが学校でもたくさん起こっているのかもしれません」

スズキ「そうなんです。悪気はないし、わかっているけれど、自分の好きなことを考えていたり、別のおもしろいものに気をとられたり、周りの子どもたちのすることをあまり見ていないので、集団活動から外れてしまうことがあるのです。この前の体育のときも、体育館の入り口で縄跳びがネットにひっかかって、取ろうとしているうちにそれがおもしろくなって、ネットであれこれ遊び出したので、体育に遅れてしまって」

教師からの話に入る（具体的な子どもの様子）▼▼▼

＊2｜黒柳徹子（1981）．『窓ぎわのトットちゃん』講談社．

第4章　相談援助の技術2——カウンセリングマインドを活かす保護者との関係づくり　　069

母「ありそうです」

スズキ「はい。1年生のときは皆そんなものですから、様子をみていましたが、2年生になるとちょっと目立ってきました。そこで、学校では、専科の体育と音楽の先生や主任の先生と何回か相談して、もっとグループ活動に入れるよう、○○と××の対策をとりました。この歴史新聞も、実は学級新聞なのですが、ヨシオくんを新聞係にしてみたところ、最初は歴史のことしか書かなかったのが、最近では、片隅にクラスのことが少し書けるようになってきて(ここです、と示す)、褒めたところです。今度はこのくらい(と、大きさを示す)大きく書けるようになるといいね、と励ましたら、にこにこ笑って、ウン、と言ってくれました」

今までの実践の報告▼▼

（中略）

スズキ「学校では、ヨシオくんのすばらしいところと、課題になるところをどちらも伸ばしていきたいと思っています。クラスのなかでもっとリーダーに近い役割を振って、集団を見ることができるようにするとか、皆でがんばると楽しいな、という経験をもっと積ませたいと考えています。注意がそがれやすいので、机回りの環境をすっきりさせて、声かけのタイミングにも配慮したいと思っています。友だち関係ももっと広げられないかなあと思っているのですが。お母さん、ヨシオくんの好きな遊びは、○○と××のほかに、どんなことがありますか?」

今後の実践に関する提案と相談▼▼

母「ありがとうございます。家では…」(以下、略)

［引用・参考文献］

河村茂雄(編著)(2007).『教師のための失敗しない保護者対応の鉄則』学陽書房

西本絹子(2008).「学級・学童保育で保護者を支える」西本絹子(編著)『学級と学童保育で行う特別支援教育—発達障害をもつ小学生を支援する』金子書房

小野田正利(2006).『悲鳴をあげる学校──親の"イチャモン"から"結びあい"へ』旬報社

吉田圭吾(2007).『教師のための教育相談の技術』金子書房

子ども理解1──発達の視点から子どもを理解する

「発達」の視点とは何か、その視点から子どもを理解することが子どもの支援にとってどのような意味をもつか、について理解します。

> **ワーク5**
>
> 甘えさせても良いの?
>
> 　幼稚園3歳児クラスも後半に入り、ユイちゃん（生活年齢4歳の女児）に弟が生まれました。しばらくすると、家では、母親に抱っこをよくせがむようになり、「牛乳を哺乳瓶で飲みたい」と言い出しました。夜のオムツも2歳半には取れていたのに、「オムツをしてみたい」と言います。
>
> 　幼稚園でも今までは手がかからず、クラスではお姉さん的な存在だったのに、友だちとの小さいトラブルが増え、教師のところに寄ってくることが増えています。ふと見ると指しゃぶりをしていたりします。いわゆる「赤ちゃん返り」「退行」をしているようです。母親も、「赤ちゃんの世話でいっぱいで、ユイにさびしい思いをさせてしまって。私の愛情不足なのでしょうか」「でも、どこまで甘えさせて良いのでしょうか」と葛藤を抱えながら、不安そうです。
>
> ［ワーク5-1］
> 　ユイちゃんの姿は、一般的には、防衛機制[*1]のなかでも退行[*2]と呼ばれるものですが、未来の発達に向かってどのような発達の課題を乗り越えようとしていると見ることができるでしょうか。

---

*1｜苦痛な感情を引き起こすような受け入れがたい観念や感情を受け流すために無意識的にとる心理的作用のこと。
*2｜現在において何らかのフラストレーションや危機に直面した場合、低い発達段階に戻ってそこで用いた思考や表現方法に逆戻りすることで、保護を求め、世話をされることで不安や危険などを逃れようとすること。

［ワーク5-2］

　ユイちゃんとその家庭に対して、教師としてどのようにサポートすれば良いでしょうか。

ヒント：3歳から4歳代の子どもたちはどのように発達していきますか。発達の特徴を考えてみましょう。

1. 発達の視点とは

　人は、生命が芽生えてから死を迎えるまで、遺伝的にもって生まれた生物学的な条件のうえに、今現在の環境の影響を受けながら、生涯にわたって発達し続けます。そこで、子どもを理解し支援するためには、発達の視点に立つことがたいへん重要となります。発達の視点とは、「子どもの姿を時間的・発生的な視点からとらえる」「子どもを取り巻く社会文化的環境を包括的にとらえる」「誰もが発達の過程で「問題」や「危機」を起こし得るという見方をとる」ということです。

1-1 子どもの姿を時間的・発生的な視点からとらえる

　「時間的・発生的な視点からとらえる」とは、子どもの姿を、過去から未来に向かう生涯発達のなかで、変化し続ける存在として理解することです。発達には、過去と未来という2つの方向からの影響がはたらきます。

　まず、今現在の子どもの姿や行動が、過去の発達のありようやその積み重ねを経て成り立っている、という、過去から現在へ及ぶ影響があります。

　そして、「どんな未来に向かおうとしているのか」「次にどんな発達が待ちうけているのか」という、未来に続く発達の道すじからも大きな影響を受けています。

図5-1 生涯発達の視点から子どもの行動を理解する

　すなわち、現在の姿は、生涯発達の道すじの途中にあるひとつのプロセス、と見ます。藤永（2002）は「仮に病的・異常とみなされる状態も、望ましい状態に至る一過性の段階と考える」といいます。マイナスとされる行動は、それがその人にとっての発達課題であるからこそ危機となって表れているのであり、乗り越えることによって、さらなる発達に向かって自らをヴァージョン・アップしようとしているがゆえの姿です。したがって、この視点に立って子どもを理解するためには、生涯発達の道すじを知り、発達の段階ごとにある大まかな特徴を理解することが大切です。

　一見「問題行動」に見える行動も、このような見方をすれば、「それをなくすためにはどうするか」という対症療法的な対応ではなく、成長へのチャンスととらえなおして、次の発達の支援につながる対応をとることができます。

1-2 子どもを取り巻く社会文化的環境を包括的にとらえる

　人は複雑で多様な社会文化的環境に囲まれて生きています。子どもの姿は、もともともって生まれた生物学的な条件と、現在の発達の状況（発達レベル・発達段階・発達特徴）、および環境の要因（場、人間関係、教育や支援の質や量の違い、時間の違いなど）との相互作用によって、織り出されてきます（図5-2）。周りの人々、たとえば「教師がその子どもに何を期待しているか」によっても、見え方が変わってきます。

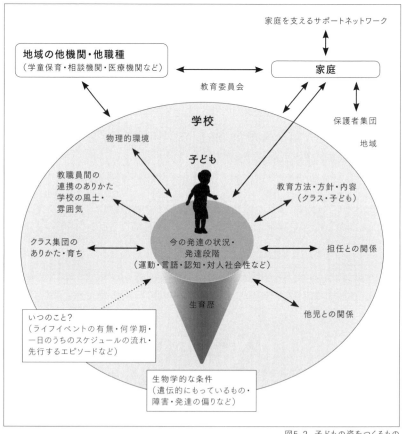

図5-2　子どもの姿をつくるもの

たとえば小学生の周りにある環境を、もっと具体的に、「生態学的な環境」（Bronfenbrenner, 1979, 1994）の考え方から見てみましょう（図5-3）。
　まず、子どもを直接取り囲み、影響を与えるものとしては、担任の教師やクラスのほかの子ども、毎日受ける授業や個別のサポート、学級集団のありよう、学校の物理的環境、家族、学童保育、地域の人々など、子どもが直接かかわる人・場という環境（マイクロシステム）があります。そこには、担任とほかの教職員との関係、学校と家庭との関係、親とほかのきょうだいとの関係などの、子どもに直接かかわる人や場同士の関係のありかたが影響します（メゾシステム）。そしてそこに、子どもに直接かかわる人や場の背後にある環境が間接的に影響してきます（エクソシステム）。たとえば、保護者の職場環境や、きょうだいの通う学校環境、教師自身の家族関係、教育委員会の活動などがそれにあたります。これらの背後には、社会・文化のありよう、思想・イデオロギー・価値観などの信念体系（マクロシステム）が関与します。
　そこに、時間という文脈（クロノシステム）が絡んできます。保護者の転職や家族の死、きょうだいの誕生、入園・入学・卒業などの、人生で避けて通れないライフイベントが日々の姿や発達に影響を与えます。同じ6歳であっても、就学前なのか1年生であるかによって、子どもの姿や周囲の見方が変わります。そして、今何学期で、1週間のうちの何曜日で、前にどのようなエピソードがあったのか、これからどんなことが起きようとしているのか、といったリアルで細かい時間の文脈も絡んできます。

したがって、園や学校における子どもへの支援を考えるときには、そういった、子どもをめぐる環境のありかたを、できるだけ包括的に、具体的な文脈に即してとらえることが大切です。子どもの弱さや困った行動は、子どもの発達の偏りや未熟さだけから生じるものではありません。また特に、年少の子どもであればあるほど、園や学校で起こる問題に対して、家庭や親子関係にのみ、その原因を探そうとしがちです。しかし、園や学校でみる子どもの姿は、園や学校を含めた子どもを取り巻く多様な環境のありかたによって大きな影響を受けています。その点に広く目を向けることが重要です。

　このような視点をとることで、「問題」への対応や支援の方法に多面的なアプローチが見えてきます。

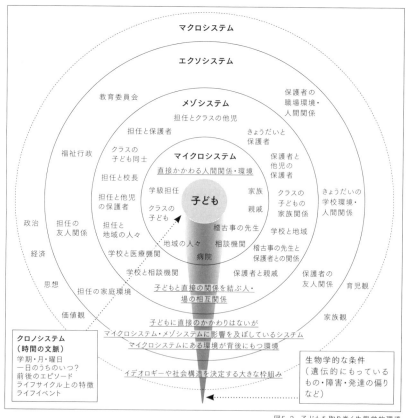

図5-3 子どもを取り巻く生態学的環境

1-3 誰もが発達の過程で「問題」や「危機」を起こし得る——インクルーシブな存在

　子どもたちのなかには、「健常・定型発達の子ども、問題のない子ども」と、「障害・非定型発達の子ども、問題の子ども」という、まったく異なる子どもがいるのではありません。どんな子どもであっても、発達の経過で、環境との相互作用のなかで、時には「問題」「問題のきざし」や「危機」を強く表したり、あるいはより健全な発達の姿を表したりすることを繰り返しながら成長していきます。その可能性はひとりの子どものなかに含まれています。これを「インクルーシブである（包含されている）」といいます。

　仮に子どもに「〇〇障害」という診断名がついていたり、心理的な困難を抱えて、何らかの「問題」や「症状」を表していたりしても、問題は「〇〇障害」「〇〇症」という病名によって固定されて起こるものではありません。取り囲む環境や人との関係、支援のありかたによって、その姿はさまざまに変わります。

　また、このことは、今、子どもが何らかの困った行動を起こし、弱さを表しているとしても、どこかに、何かしらの健康で強いところや良いところをもっている、ということも意味しています。

　このように理解すれば、問題の原因を「子どもの内面に変わらずにあるもの」としてとらえることなく、変えることができるものとして見ることができるでしょう。また、「マイナスをどうプラスにするか」ではなく、強みや良さ・健康な側面に注目し、それをもっと伸ばすことにより子どもをエンパワーし、より健全な発達へと導くという方向性も見えてきます。

2. ワーク5の答え

［ワーク5-1の考え方］

　3歳代に入った子どもたちは、日常生活動作（生活習慣）の自立をほぼ終え、通常は、親とのアタッチメントが確実に形られ、「内的作業モデル」[*3]として機能し始めています。そのため、社会的にも、親や教師との1対1の関係が中心であった時代から、次第に子ども同士のつながりの世界に本格的に入っていきます。4歳を過ぎる頃には、「心の理論」[*4]の発達に表されるように、自分と異なる他者の行動や考えがより理解できるようになり、同時に自己意識の発達も進んでいきます。それに伴い、子どもたち同士の遊びやコミュニケーションは、より複雑に、難しくなり、だからこそ新たなトラブルも経験します。それらの経験を通して、子ども同士のかかわりやそのなかでの自己コントロールの力が発達していきます。親や教師などの子どもを取り巻く人たちからも、「もう3歳を過ぎて、「お姉さん」になってほしい」という、子どもの成長・発達への期待も降り注がれてきます。

　ユイちゃんは、今、そのような、親からの心の自立の入口にたどりつき、人との関係がさらに広がる世界へと踏み出そうとしています。だからこそ、「下のきょうだいの誕生」という、その歩みを試されるライフイベントに遭遇して揺らいでいるのです。

　親からの心理的な独立がスタートし、より広く複雑な対人関係が展開される社会のなかに入っていく、という課題を乗り越えようとしているがゆえに直面した危機である、と考えることができます。

［ワーク5-2の考え方］

「未来の発達に向かうための危機」の視点に立つ

　支援にあたっては、まず、前述した「未来の発達に向かうための危機」という視点に立ちます。そのうえで、子どもに対しては、教師との1対1の時間をとり、一緒に遊び、おしゃべりをするなかで、その気持ちをしっかり受けとめましょう。

　子ども同士のかかわりのなかでのつまずきに対しては、「下のきょうだいが生まれたからマイナスの姿が現れた」「以前は手がかからなかったのに」という見方ではなく、4歳前後の子どもとして発達しているからこそ、その必然として生じる事柄として

[*3] アタッチメント対象が自分を保護し助けてくれる存在であるという確信・イメージのこと。これが子どものなかに確固として内在化されると、安心のよりどころとして機能するようになるため、子どもは社会情緒的に安定してふるまうことが可能になります（遠藤、2005）。

[*4] いろいろな心的状態を区別したり、心のはたらきや性質を理解する知識や認知的枠組のこと（心理学辞典）。

理解します。日々変化成長している子どもたちだからこそ、教師としての指導や支援も、それに合わせてヴァージョン・アップすることが求められます。成長していく集団のなかでは、子どもたち一人ひとりが、時々刻々と新しい課題に直面しています。それを乗り越え、多様な人とかかわる経験を積み重ね、共同の活動に意欲をもって参加できるよう、教師が「安全基地」[*5]として育ちを支えることです。

子どもの行動の背景にあるものを包括的に・文脈に照らしてとらえる

支援の方策を考える際に大切なことは、園の保育のありかたや、子どもと周囲の人たちとのかかわり方を、具体的な文脈に照らして、包括的に見立てることです（第6章参照）。ユイちゃんが園のなかで指しゃぶりをしているのは、いつ・どこで・どんなときでしょうか。教師を求めてくるのはどういうときで、その前後にどのような出来事があり、誰とかかわっていたときでしょうか。もし友だちとのかかわりや遊びでつまずいているとしたら、その点に関しての指導や支援を考えなければなりません。

園の方でも、何らかの環境や方針の変更があったり、ほかの厄介な事柄が発生したりしてはいないでしょうか。たとえば、管理職と教職員との間に意見・方針のずれや感情的な行き違いがあることが、子どもたちを不安にさせる場合もあります。

それに、今まで「手がかからなかった」のは、「手のかかる子ども」の陰にあって見逃していただけだったのかもしれません。本当は苦手なことや友だちとの小さなトラブルもあったのかもしれないけれど、SOSを出せなかったのかもしれません。教師との信頼関係（愛着関係）はどの程度築かれているか、振り返ってみましょう。あるいは、家で「赤ちゃん返り」をするという保護者の訴えがあったことから、園でも教師の見方がよりこまやかになり、子どもの危機に気づくことができたのかもしれません。

このように見直すことによって、具体的な支援の手立てが見えてくるでしょう。

健康で強いところを活かす

子どもに何かしらの問題状況が起こると、周りの大人は、しばしば、子どもの弱い部分や危機を抱える側面だけを見てしまいます。たとえば、不登校の子どもは、不登校という側面だけをとらえられがちです。ユイちゃんに対しても、「赤ちゃん返りしている子ども」としてのみクローズアップして見ていないでしょうか。「弱いところ」だけではなく、「強いところ」も見直してみましょう。生き生きとしているのは、どんな友だちとどんなことをしているときでしょうか。好きな遊び、得意な事柄、良いところは何でしょう。

[*5] そこから外の世界に探索に出かけ、混乱したり怖い思いをしたときにはそこに戻って安心が得られるもの。愛着対象者が子どもに対してその役割を提供します（ボウルビィ、1993）。

子どもの健康なところ・強み・資源に注目し、それを活かすことが、子どもの自己有能感を高め、生活への意欲を引き出すことになります。そして「3歳児クラスのお姉さん、もうすぐ年中さん」という子どもの誇りを大切にした、ちょっとがんばることの必要な取り組みも準備してください。

家庭への支援・相談のありかた

　家庭に対しては、「さびしい思いをしている」「親が手をかけていないから気持ちが不安定」といったとらえ方では、保護者の不安やネガティブな気持ちを大きくし悪循環にもなりかねません。「もっとお姉さんになるために、ちょっと一休みしているのですよ」「安心して抱きしめてあげてください」と伝えましょう。園で気持ちを支えられながら、皆とともに元気に活動している子どもの姿を実感することが、保護者の精神的な余裕を生み、何よりもの支援となるでしょう。

［引用・参考文献］
ボウルビィ(1993). 二木 武(監訳)『母と子のアタッチメント—心の安全基地』医歯薬出版
Bronfenbrenner, U.(1979). *The Ecology of Human Development: Experiments by Nature and Design*. Harvard University Press.（U. ブロンフェンブレンナー(1996). 磯貝芳郎・福富 護(訳)『人間発達の生態学—発達心理学への挑戦』川島書店）
Bronfenbrenner, U.(1994). Ecological models of human development. T.Husen & T.N. Postlethwaite(Eds.). *International encyclopedia of education*(vol.3, 2nd ed.). Pergamon/ Elsevier Science. 1643-1647
遠藤利彦(2005).「アタッチメント理論の基本的枠組み」数井みゆき・遠藤利彦(編著)『アタッチメント—生涯にわたる絆』ミネルヴァ書房
藤永 保(2002).「臨床発達心理学に向けて」長崎 勤・古澤頼雄・藤田継道(編著)『シリーズ臨床発達心理学1　臨床発達心理学概論—発達支援の理論と実際』ミネルヴァ書房

第**6**章

子ども理解2——問題のアセスメント

　子どもをめぐる問題は、子どもや子どもの能力だけに原因があるのではありません。問題をつくっているいろいろな要因が何なのかを見立てることが必要です。そのために、発達の視点をもって問題をアセスメントする方法の基礎を理解します。

ワーク6

1番じゃなくちゃ、いやだ！

　小学2年生のタロウくんはしばしばルールを無視し、自分勝手に、暴力的にふるまいます。文房具などで興味のあるものや欲しいものがあると、他児のものであっても何も言わずに手を出したり、取り上げてしまったりして、それに対して他児から「何をするの。やめてよ！」などと言われると、相手の子どもにいきなり殴りかかろうとします。負けることや「1番」になれないことも我慢ができないようです。常に「1番！」「勝つ！」にこだわり、勝たないと荒れ狂いますし、「負け」ということばを聞いただけで「大爆発」してしまいます。

　たとえばドッジボールをしているとき、当たったので何とか「外野」には出るのですが、いつの間にか「内野」に戻ってしまい、それを指摘されるとまた暴力を振るおうとします。この傾向は1年生の頃からあったのですが、1年生時は周りの子どもたちも全体の状況がよくのみ込めなかったり、ほかにも幼い子どもたちが少なからずいたりしたために、それほど目立つ存在ではありませんでした。担任は逐一注意したり、叱ったり、諭したりしていますが、問題の行動はなかなか減りません。暴力を振るわれた子どもの保護者からのクレームも増えてきました。

　こういうことが続くうち、周りの子どもたちも、タロウくんのちょっとした間違いやルールの理解のできなさに対して、注意したり否定的なことを言ったりすることが増えてきました。特に自分に迷惑がかからないことでも、そばから口を出す

子どももいます。タロウくんが勝ち負けにこだわることを知って、わざと「あーあ、負けだあ！」と挑発する子どももいます。それを聞いただけで、タロウくんは泣いて、怒りを大爆発させてしまいます。

[ワーク6-1]

タロウくんの行動の原因には、どのような事柄があると推測されますか。原因を探るためには、どのような情報を集めたら良いでしょうか。集めた情報から、学校ではどのような相談活動・支援をおこなうことができるでしょうか。

1. アセスメント

1-1 アセスメントとは

子どもは、どのような子どもであっても、発達の過程で、その時々で取り巻く人間関係や環境の影響を受けながら、「問題」や「問題のきざし」や「危機」を起こします。それを支援するために、多面的に情報を集め、困難の状況をつくりだしている事柄や事情を把握し、問題をつくっている物事の構造や関係をていねいに整理して見立てることが求められます。これをアセスメントといいます。

アセスメントとは、単に子どもに対して「○○障害」などの診断名をつけたり、子どもに心理検査をおこなったりすることではありません。「ある問題について、その基盤となる情報を収集し分析して意味づけし統合し、意思決定のための資料を提供していくプロセス」（石隈、1999）と定義されます。

教師は心理士やカウンセラーではありませんが、学校でおこなう相談活動や支援のためには、アセスメントという対象理解の方法を知ることは大切です。そして、学校でできる範囲でアセスメントをおこない、必要に応じて関係機関と連携をしながら、総合的に子どもの問題を見立てて、園や学校でできる具体的な支援方法を検討することが求められます。

1-2 アセスメントの対象と方法

1-2-1 アセスメントの対象

　子どもの姿は、発達的な視点から見ると、生物学的な条件、現在の発達の様子（発達レベル・発達段階・発達特徴）、環境（場、人間関係、教育や支援の質や量の違い、時間の違いなど）との相互作用によってつくられています（第5章図5-2参照）。

　したがって、何らかの問題を起こしている子どもがいるときに、改善したい問題は、子どもの行動や子どもの特定の能力それ自体だけではありません。教師や学校のありかたまでをも含む、子どもを取り巻く状況全体がより改善されることで、子どもの姿が変わることを目標とします。アセスメントは、子どもとそれを取り巻く状況全体を対象とするものです。

1-2-2 アセスメントのための情報収集の方法

　学校教育におけるアセスメントは、医学的側面、心理・教育的側面、環境の側面の3つに関して、包括的・多面的に次のような情報を集めておこないます。

①医学的側面の情報収集

　医学的側面とは、病気・障害などの生物学的な条件のことです。生育歴、医学的診断や療育・治療歴の情報を指します。幼児期の情報は就学支援シート[*1]があればそれを確認します。

②心理・教育的側面の情報収集

　心理・教育的側面とは、総合的な発達レベルや日常生活動作、知能、人格、学力などに関して、子どもが今もっている能力や特徴のことです。これには、学校でできる情報収集と、必要に応じて専門機関と連携することによっておこなう

[*1]　就学が決定した後に、園や療育機関での支援を小学校に引き継ぐニーズのある子どもについて作成されるシート。障害があることが明らかで、障害特性に応じた支援がなされている子どもだけではなく、障害であるかどうかが明確でない場合でも、その具体的なニーズを、保護者の意思・了解に基づき、保護者と園が相談して作成されます。したがって、園での支援が保護者とどこまで共通理解できているかが重要になります。くわしくは東京都教育委員会（2007）などを参考にしてください。

情報収集とがあります。

　学校では、成績・ノート・図工での製作物・作文などの資料のほか、行動観察、面接などによって情報を集めます。行動観察では、授業中や休み時間、放課後などに、学習の様子、友だちや教師とのやりとり、活動や遊びなどの行動を見ます。子どもとの面接とは、特別な時間と場所を設けておこなう場合ではなくても、ちょっとしたときに声をかけて雑談したり、子どもの反応やその変化を見たりすることも含みます。こういった観察や面接とは、問題が起きてからおこなうのではなく、日常的によく子どもを見て、子どもとのやりとりをたくさんおこなっていることがたいへん重要です。

　また、保護者やほかの教職員、学童保育指導員のような他職種とも相談し、多面的に情報を集めることも大切です。子どもは場や相手が異なれば、それに応じて質と重みの異なる関係を結び、行動も変わるものです。

　専門機関においては、次のことをおこないます。ひとつは、標準化された[*2]いろいろな知能検査や発達検査によって、数量的な結果を得て、子どもの発達のレベルやプロフィールの特徴を明らかにします。検査には、田中ビネー式知能検査・ウェクスラー式知能検査（WISC）・K-ABC心理教育アセスメントバッテリー・新版K式発達検査などがあります。プレイセラピーや子どもにも適用できる描画テストや投影法などの心理検査をおこない、心理的な問題を探ることもあります。さらに、医師や心理士などによる行動観察や面接などによって、子どもの発達特徴や心理的問題が把握され、検査結果と総合して判断されます。その情報を学校で有効に使うためには、評価それ自体の意味を理解するだけではなく、その評価結果が学校で見る子どもの姿や問題とどのように関連しているのかを、関係者相互で検討することがたいへん重要です。

③子どもを取り巻く環境に関する情報収集

　家庭状況や生活の状況、地域の資源や特徴、学校や学級内の状況を把握します。

●家庭・地域の状況

　保護者や子どもとの面接などを通して、家族や生活の状況、家族と子どもとの関係、家族と地域とのつながりや、地域内での子育てをサポートする資源などを把握します。親子関係が安定しているかどうか、親やきょうだいなどの家族に障害や病気や介護などの問題がないか、保護者の子育て観や教育方針、保護者が気軽に相談したり頼ったりする人間関係があるか、クラス内の保護者間の関係などを見ることがポイントです。

　ただし、ここで注意しなければならないことは、家庭環境や保護者の子育てのありかたが子どもに大きな影響を及ぼすことは言うまでもないのですが、そこにのみ原因を帰したり、責任を追及したりしないことです。また、親子関係についても、簡単に判断できることではありませんので、慎重な見方が必要です。

　子どもの放課後の環境や生活の様子についても把握します。どんな稽古事や塾に通い、いつどこで誰と遊んでいるのか、など。たとえば、家に帰ると毎日ひとりでテレビゲームに明け暮れているばかりで、友だちと楽しく遊ぶ環境になかったりすることも、情緒的な不安定さや社会性の未熟さなどに影響します。学童保育に通っていれば、そこでの様子や人間関係を知ることが有用です。それらは学校での様子と相互に影響しあっています。たとえば学校では仲間関係に乏しい子どもが、学童保育では「遊びの名人」として異学年の子どもたちから認められ、居場所を得て生き生きと過ごしていたり、学校でがんばっている子どもが放課後は元気がなく、学校での疲れやストレスを持ち込んでいる、と思われることもあります。

＊2｜「標準化されている」とは、統計的な手続きによって信頼性（測定されているものが正確で安定しているかどうか）と妥当性（その検査が測定しようとしている特性を的確にとらえているかどうか）が保障されていることです。標準化された検査や尺度を用いて評価することをフォーマル・アセスメントといいます。標準化されていない手段（行動観察、子どもの製作物・作文・ノートなどの資料、教師の作成したテスト、面接など）を用いて評価することをインフォーマル・アセスメントといいます。

●学校や学級内の状況

教育方法・内容

　軽い遅れや発達の偏り、発達障害などがある子どもに対しては、個々の特徴に応じた特別な支援が考えられなければなりません。そうでない子どもたちであっても、意欲の低さや、子どもたち同士の共感性の乏しい関係やトラブルの背景に、授業のわかりにくさや活動の楽しくなさなどが関連していることがあります。

　教室空間の作りやそのわかりやすさ、ルールやスケジュールの提示方法やそのわかりやすさ、校庭の作り、子どもの席の位置、音や風通しなどの、物理的な環境の問題の有無なども振り返ります。

教師と子どもとの関係

　幼児期はもちろんですが、児童期や思春期にあり、集団に所属しそこで認められ仲間関係を得ることが重要な課題となっていても、担任やほかの教職員などの大人との信頼関係があることが、子どもの成長を支える基本です。

　また、子どもへの個別の指導は、信頼関係のある教師だからこそできることです。信頼関係は、教師が子どもの行動の前後にある文脈を読み、行動の裏にある気持ちを内面からくみ取ってともに感じ取ること(カウンセリングマインド、第1章参照)によって、子ども自身が「肯定的に受けとめてもらえている、ありのままの自分で存在してもいいんだ」と確信されるとき培われます。

教職員間の連携

　連携とは、単なる役割の分担ではなく、情報を提供しあったり、教育方針や子ども像を共有したり、悩みや解決方法を相談しあったりすることです。子どもの見方も人によって異なります。

　たとえば、担任のおこなう授業では教室ルールに従うことをかなり厳しく求められ、それに従えないのでしばしば叱責され問題とされるけれども、専科教師のおこなう図工や音楽の授業ではそれがあまり求められないとき、子どもは何を行動の基準として取り入れたら良いのか戸惑います。そうした場合、

連携不足によって方針が共有されていないことが、問題をつくっている要因のひとつになります。

<u>子どもの仲間関係</u>
　当該の子どもがどのような友だち関係をもっていて、どんな遊びやかかわりをしているかどうかを把握します。

<u>教師自身の子ども観や子どもに求める行動様式</u>
　教師のもつ「こういう子どもに育ってほしい、子どもはこうあるべきだ」という子ども観や、見えにくいけれども子どもに求められる行動様式[*3]（その学級独自の規範や価値観）が子どもの見方や評価に影響します。

<u>クラスの子どもたちの状況・学級集団の特徴</u>
　学級内の仲間関係、遊びのスキルや遊びの様子、集団としてのまとまりや特徴（共感性の高さ、対人関係スキルの育ち、異質で多様な存在に対して受容的かどうかなど）、ほかの子どもたちの当該の子どもに対する見方や態度などを振り返ります。

---

*3｜近藤（1994）によれば、学級には、独自の規範や価値観がつくられ、所属する子どもたちには、その学級独自の「要請特性」となって、それに見合うような行動をとることが求められます。それは、子どもたちのなかでおこなわれるもの（「子ども間での儀式化」）と、教師によって方向づけされるもの（「教師からの儀式化」）とがあります。要請特性がそれまでの育ちのなかで培われた行動様式と同じ（マッチする）場合、子どもは自分を生き生きと発揮できる居場所を見出すことができますが、合わない（ミスマッチする）子どもは、不適応になりかねません。

1-2-3 アセスメントから支援へ

　アセスメントによって、子どもの問題をつくっている状況の構造が見えてきます。そうすれば、どこにどのような介入をすべきか、教師のできることは何かについて、多面的で具体的な方法が明らかになります。問題行動は問題の入り口であって、その裏側にこそ支援ニーズが隠れています(図6-1)。

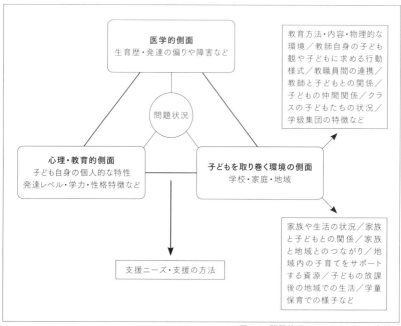

図6-1　問題状況のアセスメントから支援へ

2. ワーク6の答え

［ワーク6-1の考え方］

1-2-2に記述した3つの側面から、できるだけ多面的に情報を集め、指導や支援を考えます。

①医学的側面

生育歴のなかで、運動面やことばの遅れ、多動傾向などの発達の偏りを指摘されたことがあるかもしれません。そのような遅れや偏りがある（あった）場合、遊びや友だちとかかわる経験が不足し、年齢に相応した、集団のなかでルールを守って行動する力や、対人関係のスキルの未獲得につながることがあります。多動傾向は衝動性や情動のコントロールの未熟さとも関連する場合があります。ただし、それらの医学的情報は今のタロウくんの行動を生む要因のひとつであることに注意します。

②心理・教育的側面

タロウくんの発達レベルや特徴、学力などを把握します。発達に関しては、次のような面に課題を抱えていると考えられます。

- a. ことばとコミュニケーションの発達：他者の意図や立場を適切に理解し、そのうえで自分の主張・要求・気持ちを、適切な手段（言語・非言語的なコミュニケーション）を使って表すこと。
- b. 社会性の発達：集団生活や遊びのルールを守り、他者と適切に相互交渉をおこなうこと。
- c. 情緒面の発達：集団のなかで自分の感情をコントロールすること。

これに、学力の低さや授業のわからなさなどが関係してくることもあります。また、児童虐待やDV（ドメスティック・バイオレンス）などの不適切な養育環境に置かれた過去の経験や、今その環境にあることが情緒・行動の問題となって現れていることもあります。

③子どもを取り巻く環境に関する側面

●家庭・地域の状況

1-2-2に記した点を把握します。家庭の問題が大きく、学校だけでは対応困難な場合は、教育センターや子ども家庭支援センターなどの専門機関との連携をはかります。

●学校や学級内の状況

　教育内容・方法・物理的環境

　タロウくんに発達や学力の問題があるとすれば、授業方法や内容に、それに即した個別の配慮が必要となります。また、問題行動の生じやすい場面では、タロウくんのつまずきを防ぐ工夫や支えが必要です。全体として、わかりやすくて簡潔なルールが設定されているかどうか、わかりやすい教室環境づくりができているかどうかを振り返ります。

　教師とタロウくんとの関係

　タロウくんへの指導は、教師との信頼関係や受容されているという感覚のうえに成り立ちます。タロウくんの問題行動は減らしたいものですが、その裏側には何らかのタロウくんなりの理由や思いがあります。自分なりのがんばりやそうせざるを得ない事情を、子どもの位置から見てもらっていると感じられるとき、それを心の支えや行動のよりどころ（安全基地）として、ちょっと難しいことも乗り越えようという気持ちが生まれます。

　しかし、「問題行動を起こすか／起こさないか」「ルールが守れるか／守れないか」という結果に主な視点が置かれるとき、その関係はなかなかつくることができません。間違いや失敗をしたとき、単になくすべきものとして指導の対象とされれば、間違いは育ちの機会にはならず、子どもにとってただ不安の材料となります。

教職員間の連携

　教職員のタロウくんに対する見方をすり合わせ、方針が共有できているでしょうか。タロウくんの問題行動が、いつ・どのような場面に多く見られるのか、また、逆にタロウくんの良いところや問題とされない側面を把握します。叱責されない、プラスの行動ができる場面や相手を把握して、そのような場面を学校内にたくさんつくることは、子どもの自己肯定感を高めることであり、自己コントロールの力の原動力となり、他児からの評価を高くします。

タロウくんとクラスのほかの子どもたちとの関係

　タロウくんが仲良く遊べる相手と場面、そうでない相手と場面とがあるでしょう。たとえば、体育の時間で勝ち負けのかかる場面では、タロウくんのルール理解の悪さや集団行動のできなさや情動コントロールの悪さが問題となり、特定の他児からの非難を浴びやすいけれど、給食の時間はタロウくんを受け入れているグループのなかで比較的なごやかに過ごしている、などということもあります。

　少しでも受け入れている子どもたちのなかで、タロウくんの得意なことを活かしながら、他者と適切にかかわりルールを守って行動することを少しずつ指導し、「皆に認められるとうれしい」「皆のためになる行動をすることは楽しい」「ルールを守って遊ぶ方が楽しい」などの経験を重ね、社会性の発達をうながしていく、という支援が考えられます。

教師自身の子ども観や子どもに求める行動様式

　タロウくんの周りの子どもたちのなかには、自分に関係がないのに注意したり、些細なことでも過剰に指摘したりする子どもがいます。そうであれば、その子どもたちがなぜそういうことをするのか、を理解し対応しなければなりません。

　子どもたちは、教師のもつ規範意識や価値観（教師の要請する行動様式）を取り入れていきます（p.87参照）。教師がタロウくんの問題行動に対して、それをなくすことのみを目的としてひんぱんに注意や指導をおこなえば、子どもたちはタロウくんをその点だけで評価するようになります。そしてそうすることは良いことなのだ、先生に認めてもらえることなのだと受けとめて、同じようにふるまいます。

　また、それは、前述のように、育ちのプロセスではなく、「どのくらいできたか」「ルールが守れるかどうか」という結果や遂行目標[*4]に主な視点が置かれるということをクラスの

＊4｜学級の風土として子どもに認知される学習目標には「遂行目標」と「習熟目標」とがあり、その認知の違いが異なる動機づけを生むとされます（Ames&Archer, 1988）。遂行目標とは、有能さの基準を他者におき、良い評価を得て悪い評価を避けようとする動機づけを生み、習熟目標とは、有能さの基準を自己におき、学習それ自体の習得を目標とするもので、努力への動機づけを生みます。自分の所属する学級が遂行目標志向であると認知する生徒ほど、誤りやミスは「不安を引き起こすもの」としますが、習熟目標志向であると認知する生徒では、「学ぶことの一部分」とみなします。

子どもたちに示していることでもあります。それは、ほかの子どもたちの失敗やうまくできなさに対しても、それを認めることができない心性をつくりだします(西本、2008)。

　そうであれば、そのような指導の仕方を見直し、タロウくんに対する肯定的な面へのことばかけを多くおこない、努力したくなる目標を設定し、プラスの側面や努力している姿を皆に見てもらえる活動をつくっていくことが大切です。そして、教師が子ども一人ひとりの途中経過のがんばりを積極的に認める姿勢を示し、お互いに認め合える学級風土をつくっていくことが求められます。

クラスの子どもたちの状況

　エピソードでは、タロウくんの嫌がることや弱点をついてわざとパニックを起こすようなことばをかけている子どもがいて、タロウくんの気持ちを煽ったり、良くない行動を起こさせたりしていました。そうしたことばは、煽る側の子どもの抱える問題が、他者を傷つけることばとなって表されたもの(「言語化」第7章参照)と受け取ります。授業や活動がわからない・楽しくない、友だち関係につまずいている、遊べない、家庭が不安定などの育ちの問題や心の不安定さが潜んでいる可能性があります。そのニーズに対応しなければ、タロウくんの問題の解決には至りません。

　以上の、①から③の側面を総合して支援を考えます。真の問題・支援ニーズとは、①を踏まえながら、②に記した子どもの発達課題(a・b・c)が乗り越えられるよう、③の環境面にある諸々の課題に取り組み、子どもの発達全体が学校で保障されることです。必要に応じて、家庭や専門機関との連携をはかります。

［引用・参考文献］

Ames, C., & Archer, J.(1988). Achievement goals in the classroom: Students' learning strategies and motivation processes, *Journal of Educational Psychology*, 80, 260-267

石隈利紀(1999).『学校心理学―教師・スクールカウンセラー・保護者のチームによる心理教育的援助サービス』誠信書房

近藤邦夫(1994).『教師と子どもの関係づくり―学校の臨床心理学』東京大学出版会

西本絹子(編著)(2008).『学級と学童保育で行う特別支援教育―発達障害をもつ小学生を支援する』金子書房

東京都教育委員会(2007).「特別支援教育体制・副籍モデル事業等報告書【最終報告】について」(http://www.kyoiku.metro.tokyo.jp/buka/shidou/hukuseki/2bu-2.pdf)

第7章

子ども理解3——問題行動のとらえ方

　「問題行動」に対して、「それがあることは良くないこと」ととらえ、それ自体を早くなくそうとしても、良い結果や支援にはなかなかつながりません。「問題行動」とは、子どもからの「支援ニーズがある」というメッセージです。メッセージをどう読んだら良いかを学びます。

ワーク7

ぼく、悪くないもん

　小学3年生のリュウタくんは、障害など弱いところのある子どもに対して、暴力を振るうことがあります。たとえば下校の際に、軽い遅れのある同じクラスのケンくんの手を持って振り回して、校舎の外壁にぶつけてしまい、けがをさせてしまいました。担任が事情を聞くと、初めは「ケンくんが勝手にぶつかった」と言っていましたが、周りの子どもたちの話から真相が判明しました。いろいろ話を聞くうちに、リュウタくんは事実を認めたものの、「だって、こいつショウガイシャだから」「こいつしゃべらないし」とケンくんの前で言い放ち、自身の非を認めません。その後ようやく謝罪をし、保護者同士の話し合いを経て、何とか事なきを得ました。

　またあるときは、放課後の校庭遊びで、1年生のなかでもいかにもか弱そうに見える男児に対し、上ってはいけない避難階段に「上れ！」と命じて上らせ、降りてきたところ、いきなり背中を殴って「上るな！」と言い、泣かせました。

　リュウタくんは、幼児期からほかの子どもに対してあまりやさしいとはいえませんでしたが、このような行動は小学校入学後、増えてきたようです。「強い」子どもに対しては、こういった行動をとることはほとんどありません。

[ワーク7-1]

　リュウタくんの行動には、リュウタくんのどのような支援ニーズがあると考えられるでしょうか。

[ワーク7-2]

　本章の1-2「「問題行動」の子どもにとっての意味」を読み、前章の「ワーク6」に登場したタロウくんの問題行動に込められたメッセージをあらためて考えてください。どんな発達要求であるといえますか。カナーによる「症状・問題行動のもつ意味」の5つの視点からは、どのように解釈できるでしょうか。

1. 問題行動のとらえ方

1-1 子どもの声にならない声を読む

　子どもたちは、ストレスや葛藤を抱えているとき、自分の感情や思いを内省したり、それを適切なことばで表したりすることは十分にできません。また、発達の危機やつまずきを、さまざまなかたちで、またはそれらをミックスしたかたちで表します。表し方は主に次の4つです。

①身体化：発熱や腹痛、吐き気やおう吐などの身体症状で表す

　病気として現れると、過敏性腸症候群、起立性調節障害[*1]、抜毛症、皮膚疾患などの「心身症」と呼ばれるものとなります。

②行動化：こだわりや強迫的な行為、退行などの非合理的な行動、社会ルールから逸脱した行動で表す

　社会ルールからの逸脱行動とは、他者への暴力や教師への過度な反抗的行動や非行などの、外へ向かうかたちで現れることもあれば、いじめや性

---

*1｜朝なかなか起きられない、立ちくらみがする、全身がだるい、などの症状が起こります。思春期に起こりやすい自律神経機能失調（第9章参照）。

非行などの見えにくいかたちで起こっていたり、自傷行為など自身へ向かうこともあります。

③言語化：何らかのことばで表す

　ただし、自分のモヤモヤ、イライラした気持ちや楽しくなさ、満たされない思いなどを、適切なことばで表すことはあまりありません。「ムリ」「ベツニィ…」「ウザイ」などの中途半端な決まり文句を発したり、同じことを繰り返し質問したり、「超ムカツク」「ぶっ殺す」「死ね」などの攻撃的・暴力的なことばや、他者の嫌がることをわざと挑発するようなことばで表したりすることもこれに含みます。

④出せない：心の危機を抱えながら、それがことばにも行動にも身体にも
　　表されることなく、奥底に隠されている

　このうち、最も困った状況はどれでしょうか。「④出せない」です。①から③は、困った事柄ではなく、子どもが危機に直面しているとき、それに全身で立ち向かおうとしていることや、生きようとする力の表れです。大人は、こうした、きちんとしたことばにはならない訴えに対して、子どもの抱えている事柄の意味を考え、子どもの支援ニーズにアプローチできるチャンスとしてとらえたいものです。

　子どもの「支援ニーズ」とは、あるいは教師のおこなう相談活動の目的とは、表に見える子どもの問題の言動や身体症状などそれ自体をなくすことではありません。行動の裏にあるメッセージの意味を理解し、子どもと子どもの周りの状況にある問題の構造をとらえたうえで、危機を乗り越えるために必要なさまざまの対応をおこなうことです。

1-2 「問題行動」の子どもにとっての意味

　子どもの「問題」行動・「困った」行動というとき、問題だとして困っているのは子どもではなく大人です。子どもから見たとき、それはどのような意味があるのでしょうか。

1-2-1 発達への要求・チャレンジング行動

　問題行動とは、それをなくすべきものとして見るのではなく、「こういうことをしなくてもいいように育ててほしい」という、子どもからの「発達への要求」としてとらえます。茂木(1990)は、「発達それ自体を保障することを通して、子どもに「問題行動」をしなくてすむような力をつけていく」と表します。

　または、「チャレンジング行動」(園山、2006)という見方もあります。誰が何にチャレンジするのでしょうか。「チャレンジする」の主語は、子どもではなく、育てる側です。「問題行動」を起こしている子どもは、そうせざるを得ない環境に置かれていると考えます。「チャレンジング行動」とは、子どもを育てる立場にある人が、子どもがそうした行動を起こさなくても済むように、状況全体を変えていくことにチャレンジするための行動、という意味です。

1-2-2 カナーによる、症状・問題行動のもつ意味

　自閉症を発見したことで知られるアメリカの児童精神科医カナーは、症状・問題行動には次のような意味があるといいます(Kanner, 1935/1974より一部抜粋、改変)。

入場券：問題行動は問題の本質に入るための入場券である

　問題行動は問題の本質を示していないので、それにこだわっていては問題の本質や有益な支援の方針は見えてきませんが、支援のきっかけになります。問題行動は、真の問題やニーズにたどりつくための入り口です。関係する人々が問題に気づき、連携して支援をおこなうための入場券となります。

信号：「何か良くないことが起こっているよ」という子どもからの信号であり、「良くないこと」の本質を見出して助けてほしいという周りの大人への警告である

　問題行動は、子ども自身には自覚されない、子どもの抱える危機やニーズに「気づいてほしい」という子どもからの信号やメッセージです。そして、問題行動は周囲の人々に対して警笛を鳴らし、真のニーズを理解して適切な支援をしなさい、という警告となっています。

安全弁：今、問題行動を起こすことで、心のバランスをとったり、より深刻な問題になることを防いでいたりしている

　子どもは、何らかの問題のある環境にあるとき、社会的ではない問題行動を起こすことによって、心のバランスをとったり、良くない環境から自分を守ったりします。

　たとえば、ある男児は、暴力的で情緒不安定なふるまいが増えて、教師が「気になるなあ」と思っていました。状況を探っていると、家庭では障害のある年上のきょうだいを大好きで、弟なりに一生懸命に支えるやさしい子どもであり、きょうだいがきょうだいの通う別の学校でいじめられていることを知って、大きな傷つきとストレスを抱えていることがわかってきました。暴力的な言動や情緒不安定なふるまい自体が良いわけではありませんが、そういったかたち（1-1の②「行動化」を参照）で表すことによって、子どもなりに心のバランスをとろうとしたものといえます。

　また、問題行動は、1-2-1に記述した「こういうことをしなくてもいいように育ててほしい」という発達への要求であり、積み残してきた発達の課題を乗り越えようとしていることでもあります。つまり、今、この問題行動を起こすことによって、発達がもつれて、より深刻な問題になっていくことを防いでくれることになっています。

問題解決の手段：子どもの周りにある不具合な状況に対処するための、最良ではないがひとつの問題解決の方法である

　問題行動は、周りの人々の正しい理解や適切な支援がないときに、子ども

なりにとる問題解決の方法です。それは健康的ではなく、ベストの解決方法でもないけれども、必要だから起こしている、ということです。たとえば不登校(第9章参照)は、さまざまな理由が複雑に絡み、子ども自身にも周囲の大人にも、その原因がなかなかわからないものです。しかし少なくとも、子どもが唯一最後にとることのできる解決の手段、ということができます。

厄介物:行動の真の意味を理解しなければ単に大人を煩わすものとしてとらえがちであるが、厄介であればあるほど早期に支援の機会に恵まれる

　問題行動は、その裏にある意味を読み取らなければ、単に困ったこととして、表面に現れた行動をなくすことのみ考えがちです。しかし、それだけ消したとしても、真のニーズを理解しそれに対する支援をおこなわなければ、異なる問題となって表れるか、潜在したままもっと深刻な問題として大きくなります。したがって、行動の背後にあるさまざまな事柄や環境の不具合を広くとらえることが、解決への支援となります。また、煩わしく厄介なものであればあるほど、周囲の人を巻き込み、支援を呼び、環境を自分にとってふさわしいものに変えていく力をもっています。

1-2-3 フロイトの「疾病利得」という視点

精神分析家であるフロイトは、「人は、病気や症状が出ることによって、意識はしていないが、何らかの利得が得られている（疾病利得）」という考え方を示しました。利得とは、心の葛藤を身体症状に置き換えることによって真の心の問題から逃れたり、周囲の人たちから同情や注目や慰めをもらったり、社会的な補償などを受けたりすることなどを指します。これは、1-2-2で述べたカナーの「問題解決の手段」に通じる考え方であり、学習心理学でいうところの「報酬」にもあたります（第2章参照）。

たとえば、体育と音楽の授業がある日は決まってお腹が痛くなったり、発熱してしまったりする子どもがいるとします。それは決して仮病ではなく、1-1で述べた心身症ですが、そのことによって、たとえば、「できなくて恥ずかしいことの多い授業に出なくても良い」「教師にやさしく声をかけてもらえる」「苦手な教師から逃れられる」「皆が困ることで自分の存在をより意識してもらえる」「親に心配をしてもらう」などという利得を得ているのかもしれません。すなわち、利得を得ている部分が、子どもの抱える支援ニーズとなります。

そうであるとすれば、その子どもに対してどのような対応をすべきでしょうか。身体症状や病気そのものに対しては、心因が絡んでいるとしても、もちろん、医療的な対処や学校内でできる温かい配慮をおこないます。同時に、疾病利得の視点からとらえれば、どうしたらこの子が身体症状に解決を求めることなく体育や音楽の授業に楽しく参加できるか、を考えなければなりません。そのためには、子ども自身や家庭だけではなく、授業方法や教師との関係のありかた、クラス内での子どもの位置づけや友だち関係など、さまざまな状況を振り返ってみることが必要となります。

この視点は、病気や身体症状までには至らない日常的な行動の問題にもあてはめて考えることができます。困った行動を起こす背後には、そこに子どもなりの解決を求めている姿がある、ととらえるのです。たとえば、次の例で考えてみましょう。

小学2年生のサトシくんは、学級活動や行事の際、「静かにしてください」と言われるときに限ってわざと無関係な声をあげたり、体を動かしたり、変な

顔をつくってみせては、教師をはじめとして学級委員や周りの子どもたちからしばしば注意を受けていました。教師はルールや罰則をわかりやすく作って提示しましたが、あまり効果がなく、それどころか、注意を受けることを楽しんでいる気配があります。その時間以外ではそういったふるまいは少なく、休み時間もひとりでふらふらしているか、本を読んでいるだけです。しかしおしゃべりは好きで、誰かに話しかけられると、ここぞとばかりにひっきりなしに話してきます。

　サトシくんは、皆に注意される行動によって、「クラスの一員として見てもらえる」「先生やクラスの子どもたちにたくさん声をかけてもらえる」といった利得を得ているのかもしれません。ひとり遊びが多いにもかかわらず、話しかけられるとたくさん話してくる姿からは、ほかの子どもたちとかかわりたい、もっと一緒に遊びたいという願いがあるように思われます。それにもかかわらず、かかわるための手段が「おしゃべり」や「変な顔をしてみせる」程度しかないのでしょう。そうであるとすれば、サトシくんの友だち関係を豊かにする取り組みや、サトシくんを認めることのできる学級づくりや活動をおこなうことが、サトシくんへの支援となります。

2. ワーク7の答え

[ワーク7-1の考え方]

　リュウタくんの、弱い者に対する暴力は、どんな事情があるにせよ行動それ自体は絶対に許容してはならないものであり、毅然とした指導を要するものです。しかし、彼の行動を起こしたくなる気持ちを受けとめ、行動を起こすことになってしまう発達の弱さへの支援をしなければ、おそらくリュウタくんの行動はエスカレートしていくことでしょう。

　リュウタくんの向社会的判断（他者のためになる行動をおこなうこと）の未熟さや、他者への共感性を欠く行動の裏には、自分と異なる他者の立場や気持ちを理解する力の未熟さがあります。人間関係を「強いか弱いか」でとらえ、さまざまに異なる他者、特に弱い立場にある存在が受け入れられないようです。

　その背景にあるもののひとつは、障害の理解の問題が考えられます。子どもは、保育所・幼稚園までは、障害のある子どもと一緒に遊び、素朴にかかわっています。ところが小学校に入ると、「障害児」という社会的なカテゴリーのあることに気づき、疑念を抱くようになります（三山、2008）。また、理由のわかりづらい行動や、自分の利害にかかわる行動に対して「どうして?」という疑問をもつようになります。リュウタくんもそのような存在に気づいたものの、とまどい、ケンくんの「普通」とは異なる部分に納得のいかない思いを抱いているのかもしれません。

　このような場合、障害を知識として説明したり、「そんなことを言ってはいけません」などと注意したりするだけでは問題の解決には至りません。まずはケンくん（障害のある子ども）の「マイナス」の部分に関して、リュウタくんの疑念や思いを聞き取り、気持ちに寄り添いながら、リュウタくん自身にあれこれ考えさせるプロセスが大切です。そして、ケンくんのもつさまざまな良さを引き出し、集団のなかで何らかの位置づけをしっかり与え、プラスの部分を明示し、新しい価値観を学習させることが必要です（第10章参照）。

　また、リュウタくんの困った行動をみると、情動の自己コントロール力にも課題を抱えているようです。イライラする、怒りたい、くやしい、さびしい、わかってほしいなどの不快な情動が湧き起こったとき、それを適切なことばや行動に変えて自己コントロールすることができず、弱いものや不可解な存在に対する身体的な攻撃や攻撃的なことばとして表している、と考えられます。そうであれば、教師が子どもの声をていねいに聞き取り、適切なことばに替えながら思いを受けとめ、子どもの心のよりどころ

第7章　子ども理解3——問題行動のとらえ方　　101

になるよう、信頼関係を深めていく必要があります。そして、不快な情動を巻き起こしている真の原因を探っていきます。

　さらに、自己効力感や自尊感情の低さや、自分に対するポジティブな感情をあまりもっていないことも、感情の自己コントロール力や他者への共感性を低下させます。少しでもうまくいったことやがんばったことを積極的に見つけて褒めたり励ましたりすること、得意なことをつくっていくこと、子どもの良さを皆に認めてもらえる場をつくっていくこと、などが求められます。ここに、学級集団の特徴も影響を与えます（第6章参照）。

　また、「役割取得（または視点取得）」という力の発達も関連します。役割取得能力とは、相手がどのように感じ、考え、行動しようとしているかを推測し、それに基づいて自分の行動を決定する力のことです。一般に子どもは5歳くらいまでは、自他の見え方や考え方の違いを区別することが困難です。6歳を過ぎる頃になると、違いを区別できるようになりますが、親や教師のような権威のある人や自分の考えが正しい、というひとつの視点からしか見ることができません。8歳を過ぎる頃には、自他の2つの視点からお互いの気持ちを推測できるようになり、12歳を過ぎると、第三者の立場から自分と相手の気持ちを推測し、双方の立場をかんがみて折り合いをつけるような解決方法を考えることができます。

　小学校の低学年から中学年は、役割取得能力においてさまざまな発達レベルの子どもたちが混在する時期です。そのことが、子どもたちの間のトラブルをまき起こす一因にもなるのですが、トラブルを通してこそ、多様な他者の存在や自分とは異なる視点があるのだと学ぶことができます。大切なことは、トラブルが起きないことではなく、子どもがトラブルを通じてそこから何を学ぶか、にあります。

　教師の役割は、「良いか悪いか」の結論を伝えることではありません。多様なありかたを認め合える集団をめざし、一人ひとりの子どもの気持ちをていねいに受けとめるプロセスこそ、教育実践の中心であってほしいものです。そして、お互いの主張がぶつかり合う葛藤的な状況は育ちのチャンスととらえ、さまざまな視点から考えることをうながし、子どもたちの価値観を柔軟なものにしていくサポートが求められます。

［ワーク7-2の考え方］

　第6章の2で見たように、タロウくんは過去の7年間の成長のプロセスのなかで、次のような発達の積み残しをしてきていると考えられます。

　　a.ことばとコミュニケーションの発達：他者の意図や立場を適切に理解し、そのうえで自分の主張・要求・気持ちを、適切な手段（言語・非言語的なコミュニケーション）を使って表すこと。

　　b.社会性の発達：集団生活や遊びのルールを守り、他者と適切に相互交渉をおこなうこと。

　　c.情緒面の発達：集団のなかで自分の感情をコントロールすること。

　そして、これらを「未来の発達に向かうための危機」として見ると、幼児期を脱し児童期に入ったタロウくんには、次の課題が待っています。それは、本格的な集団生活に入り、社会性を伸ばすという課題です。小学校の学級集団や放課後の学童保育の集団のなかで仲間関係をつくり、集団の一員として適切に行動し集団のなかで認められ、自己肯定感を保ち、集団で共同して学習や活動や遊びをおこなうことです。それらの発達は幼児期後期から少しずつ培われていくものですが、十分なものではなかったのでしょう。タロウくんの問題は、今だからこそ現れてきた危機であり、過去の発達の積み残しを取り返し、未来に向かうためのもの、成長へのチャンスといえます。

　1-2-2のカナーの見方でいえば、次のようにいえるでしょう。タロウくんの問題行動は、タロウくんの発達のつまずきを支援するための「入場券」であり、このような方法でしか友だちとかかわれないという子どもなりの「問題解決法」であり、そのような育ちの未熟さや、それを生んでいる周りの環境の不適切さに対するSOSとしての「信号・警告」です。また、今現れてきてよかった、という「安全弁」です。そして、その意味を理解しなければ、タロウくんの行動を「大人（学校）を煩わす厄介物」としてとらえ、ことばで注意したり叱ったり罰を与えたりすることで行動自体をどう減らすかを目標に対処する、ということになりかねません。

　タロウくんが「暴力的でルールが守れない」のは、「そういうことをしなくてもいいように育ててほしい」というメッセージである、といえます。上のa・b・cは、そのような発達上の課題を乗り越えさせてほしい、という子どもからの「発達への要求」なのです。そのためには、子どもの発達それ自体だけではなく、第6章でみたような、さまざまな側面の問題の調整や対処を図っていくことが不可欠となります。

第7章　子ども理解3──問題行動のとらえ方　　103

［引用・参考文献］
Kanner, L.(1974). 黒丸正四郎・牧田清志(共訳)『カナー児童精神医学』医学書院(Kanner, L.(1935). *Child Psychiatry*. Thomas)
三山 岳(2008).「学童保育で子どもたちと親とのかかわりを通して子どもを育てる」西本絹子(編著)『学級と学童保育で行う特別支援教育──発達障害をもつ小学生を支援する』金子書房
茂木俊彦(1990).『障害児と教育』岩波書店
園山繁樹(2006)「行動問題のアセスメントと支援」本郷一夫・長崎 勤(編)『別冊「発達」28 特別支援教育における臨床発達心理学的アプローチ』ミネルヴァ書房

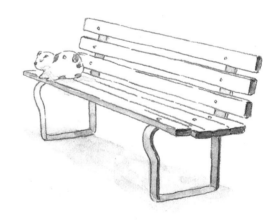

第**8**章

いじめ問題への対応

　学校の病ともいえるいじめの定義やいじめという行為の特徴、背景にある事柄を理解し、予防を含めた対応の方法を学びます。

ワーク8

いじめなんかしてないよ！

　中学1年生のケイくんは、リョウスケくんを中心とする6人の仲間のなかでは、「空気が読めない」、ちょっとおもしろい、いわゆる「いじられキャラ」として扱われていました。テレビゲームのなかのいやなキャラクター名で呼ばれ、きつい冗談を言われたり、目の前で悪口を言われたり、小突かれたり、蹴られたり、「○○しろ」という命令に従わされたりしています。そんなとき、ケイくんはいつも笑っています。

　あるときは、下校の際に「ちょっとここで待ってろ」と、ひとりだけ教室に取り残され、いつまでもリョウスケくんたちが戻ってこないため帰ったところ、翌日リョウスケくんにどなられ、数日間仲間に入れてもらえませんでした。クラスのほかの生徒たちも、にやにや笑って「だってケイだからしかたないよ」と、ケイくんにも原因があると傍観するばかりです。

　しかし、保護者から「最近、ケイの様子が変だ」という訴えがありました。担任はケイくんを呼んで話を聞いたところ、最初はなかなか本音を言おうとしませんでしたが、「いやだ」という思いを話すようになりました。担任がリョウスケくんに「いじめているのではないか」と聞くと、リョウスケくんは次のように反論してきました。

　「いじめなんかしてないよ。ケイも一緒にワイワイやってるし。いやだったら、いやだって言えばいいじゃないか。オレたちについてこなければいいじゃないか。ケイはどんくさいし、何でもすぐ忘れるし、とろいし、あいつが悪い。先生だって、ケイに、いつも「もう少し早く準備しなさい」「忘れものが多い」とか言っているじゃないか！」

［ワーク8-1］

　リョウスケくんの「いじめのつもりはない」に対して、どのように対応したら良い
でしょうか。

［ワーク8-2］

　いじめられる側にも原因がある、という加害者や周囲の見方に対して、あなたは
どう考えますか。教師としてどのように対応したら良いでしょうか。

1. いじめとは何か

1-1 いじめの実態

　わが国において、1980年代半ば、子どもがいじめを苦にして自死に至る
事件が相次いで報道され、社会に衝撃を与えました。それ以降、「いじめ」とい
う語が、現代社会に生じている現象を表す「用語」「概念」として使われるよう
になり、学校に生じる病理的な問題として広く認識されるようになりました。

　その後、さまざまな対策がとられたものの、1990年代半ば、2000年代半ば
と、約10年を周期として計3回、いじめによる深刻な被害が報道され、社会全
体で取り組むべき課題として社会に大きな波紋を呼び起こしました。そして、
2011年秋の大津市での自死事件を契機として論議が高まり、4回目の社会
問題化の波が押し寄せ、2013年に「いじめ防止対策推進法」が成立・施行
されるに至ります。

　しかしながら、その後も深刻な事件は後を絶ちません。さらに、発達障害
などの障害のある子ども、性的少数者[*1]、外国につながる子ども(多文化・多言語
の子ども)[*2]に対するいじめも問題となっています。そこで、いじめの重大事態[*3]
が発生しているにもかかわらず、しばしば適切な対応がおこなわれないとし、
2017年に「いじめの重大事態の調査に関するガイドライン」が策定されました。

106

図8-1は、1985年より毎年おこなわれている、文部科学省によるいじめの実態調査（「児童生徒の問題行動等生徒指導上の諸問題に関する調査」）の結果です（文部科学省、2018）。それによると、いじめの件数は、現在の調査方法に変わった2006年からしばらく減少傾向にあったのが、2012年で大幅な増加に転じています。これには、小学校における認知件数の急増が関与しています。さらに、2016年には、小学校における認知件数が2012年の174,384件から237,256件へと約36％も増加し、すべての学校を合わせた合計数が約32万件と、過去最高となっています。

　増加の背景には、2011年の事件の後、いじめ問題に対する論議が沸騰したことや、国の積極的な関与[*4]が発表されたことなどによって、調査や対策に、より危機感を抱いて取り組んだ学校が増えたことが考えられます。文部科学省の調査結果（2012、2013a、2018）によれば、小学校においていじめ発見のきっかけになったものとして、学級担任が発見した件数が2011年度は約6,600件だったものが、2012年度には約16,000件、2016年度では約29,000件、アンケート調査によるものが2011年度の約10,800件から2012年度で約68,800件、2016年度で約131,000件と増加しています。すなわち、件数の増加の原因は、主として、それまで見逃されたり、子ども同士のけんかや遊びなどとして見過ごされてきたりしたものが、いじめとしてきちんと認知されるようになったことである、と考えられます。

　このように、いじめの社会問題化とは、いじめ件数の増減それ自体によるものではなく、深刻な事件に対して世論が盛り上がる、という現象です。「「流行」や「ピーク」という感じ方や考え方は誤り」（国立教育政策研究所、2013）であって、いじめは常に起こっているもの、という認識に立つことがまず重要です。

＊1｜同性愛者（Lesbian, Gay）、両性愛者（Bisexual）、心と体の性が一致しないトランスジェンダー（Transgender）その他を指します。

＊2｜帰国児童生徒、日本国籍を含む重国籍の場合、保護者の国際結婚により家庭内言語が日本語以外である者など、多様な言語、文化、価値観、慣習などのなかで育ち、日本社会において複数の言語環境で成長している子どもたちを指します。

＊3｜「いじめにより当該学校に在籍する児童等の生命、心身又は財産に重大な被害が生じた疑いがあると認めるとき」、および「いじめにより当該学校に在籍する児童等が相当の期間学校を欠席することを余儀なくされている疑いがあると認めるとき」とされています（文部科学省、2017）。

＊4｜2012年9月、「いじめ、学校安全等に関する総合的な取組方針」が策定されました。

社会問題の有無にかかわらず、また、何も起こっていないように見えるときこそ、常に取り組む姿勢をもつことが、いじめ問題に対応する際の基本となるのです。

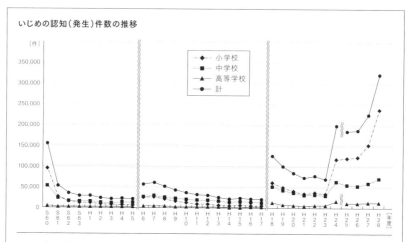

注1）平成5年度までは公立小・中・高等学校を調査。平成6年度からは特殊教育諸学校、平成18年度からは国私立学校、中等教育学校を含める。
注2）平成6年度及び平成18年度に調査方法等を改めている。
注3）平成17年度までは発生件数、平成18年度からは認知件数。
注4）平成25年度からは高等学校に通信制課程を含める。
注5）小学校には義務教育学校前期課程、中学校には義務教育学校後期課程及び中等教育学校前期課程、高等学校には中等教育学校後期課程を含む。

平成28年度調査結果
小・中・高等学校及び特別支援学校におけるいじめの認知件数は323,143件（前年度225,132件）と前年度より98,011件増加しており、児童生徒1,000人当たりの認知件数は23.8件（前年度16.5件）である。

① いじめの認知件数は、小学校237,256件（前年度151,692件）、中学校71,309件（前年度59,502件）、高等学校12,874件（前年度12,664件）、特別支援学校1,704件（前年度1,274件）。全体では、323,143件（前年度225,132件）。
② いじめを認知した学校数は25,700校（前年度23,557校）、全学校数に占める割合は68.3％（前年度62.1％）。
③ いじめの現在の状況で「解消しているもの」の件数の割合は90.5％（前年度88.7％）。
④ いじめの発見のきっかけは、「アンケート調査など学校の取組により発見」は51.5％（前年度51.5％）で最も多い。「本人からの訴え」は18.1％（前年度17.2％）、「学級担任が発見」は11.6％（前年度11.8％）。
⑤ いじめられた児童生徒の相談の状況は「学級担任に相談」が77.7％（前年度74.7％）で最も多い。
⑥ いじめの態様のうちパソコンや携帯電話等を使ったいじめは10,779件（前年度9,187件）で、いじめの認知件数に占める割合は3.3％（前年度4.1％）。
⑦ いじめの日常的な実態把握のために、学校が直接児童生徒に対し行った具体的な方法について、「アンケート調査の実施」は、いじめを認知した学校で99.3％（前年度99.3％）、いじめを認知していない学校で94.3％（前年度95.0％）。全体では97.7％（前年度97.7％）。

出典：文部科学省（2018）

図8-1 いじめの実態調査結果

1-2 定義の変遷

　文部科学省は1985年に初めて「いじめ」を定義し、いじめの実態調査を開始しました。その後、1-1に記した、社会問題の大きな波が到来した3つの時期にともなって、表8-1のように、いじめの定義が改められています。

表8-1　文部科学省によるいじめの定義

1985(昭和60)年度から1993(平成5)年度	1994(平成6)年度から2005(平成17)年度
①自分より弱い者に対して一方的に ②身体的・心理的攻撃を継続的に加え ③相手が深刻な苦痛を感じているもの ④学校としてその事実(関係児童生徒、いじめの内容等)を把握しているもの ⑤起こった場所は学校の内外を問わない	①自分より弱い者に対して一方的に ②身体的・心理的攻撃を継続的に加え ③相手が深刻な苦痛を感じているもの ④個々の行為が「いじめ」に当たるか否かの判断は、表面的・形式的に行うことなく、いじめられた児童生徒の立場に立っておこなうもの ⑤起こった場所は学校の内外を問わない
2006(平成18)年度から2012(平成24)年度	**2013(平成25)年度いじめ防止対策推進法施行後**
①当該児童生徒が、一定の人間関係のある者から ②心理的・物理的な攻撃を受けたことにより ③精神的な苦痛を感じているもの ④個々の行為が「いじめ」に当たるか否かの判断は、表面的・形式的に行うことなく、いじめられた児童生徒の立場に立っておこなうもの ⑤起こった場所は学校の内外を問わない	①児童生徒に対して、当該児童生徒が在籍する学校に在籍している等当該児童生徒と一定の人的関係のある他の児童生徒が行う ②心理的又は物理的な影響を与える行為(インターネットを通じて行われるものも含む) ③当該行為の対象となった児童生徒が心身の苦痛を感じているもの ④起こった場所は学校の内外を問わない

出典:文部科学省(2008a、2012、2013b)を一部改変・加筆／表中、数字と下線は筆者による

　1985年度の定義では、「自分より弱いものに対して一方的に」という力の優劣があることが明示され、身体的・心理的な攻撃が「継続的に」おこなわれるという、行為の反復性があることが基準とされました。

　1994年度の定義の改定では、個々の行為が「いじめ」に当たるか否かの判断は、事実を把握しきれなくても、被害者の訴えがあればいじめと認定する、とされました。いじめは、問題のある一部の学校ではなく、いずれの学校にも起こり得るもの、との認識のもとに、「自らの学校にもいじめがあるのではないかとの問題意識を持って」(文部科学省、1994)総点検し、対応を図るように求められています。

　その後、特定の子どもが被害に遭い続けたり、加害をおこない続けたりするのではなく、被害者と加害者が恒常的に入れ替わるケースがほとんどであり、思いがけない子どもがかかわっていたり、「強い－弱い」という見かけ

の印象では正しく判断できないこと、などがわかってきました（国立教育政策研究所、2009）。そして、「深刻ないじめは、どの学校、どのクラス、どの子どもにも起こりうる」という実態に照らせば、いじめの進行を未然に防ぐために、「「たった一度であっても、いじめに変わりはない」「その一回が致命的だったかも知れない」と考えていくことが大切」（国立政策研究所、同）と考えられるようになりました。

　そこで、2006年度の定義の改定では、「自分より弱いものに対して」という、大人の目から見た力の優劣の判断と、「継続的に」という行為の反復性の基準が削除されました。

　そして、2013年に成立した「いじめ防止対策推進法」において、「インターネットを通じて行われるものを含む」が加えられた[5]ことから、現在の定義に至っています。

1-3 いじめの本質

　文部科学省の定義に対しては、さまざまな異論が出されています。いじめ問題の研究における第一人者である森田（1994）は、「いじめとは、同一集団内の相互過程において優位に立つ一方が、意識的に、あるいは集合的に他方に対して精神的・身体的苦痛を与えることである」としています。この定義には、次のような意味が含まれています。

1-3-1 学校を中心とした人間関係のなかで起こる

　いじめは、学校や学級という逃れられない枠組みや集団のなかで、あるいは親密性という関係のなかで起こります。その集団に属さない外部の者が標的にされるのではなく、学級内や友だち関係などの閉じられた関係を利用して、相手を逃れられない立場に置いて進行していきます。

---

*5 ｜ 第2条：この法律において「いじめ」とは、児童等に対して、当該児童等が在籍する学校に在籍している等当該児童等と一定の人的関係にある他の児童等が行う心理的又は物理的な影響を与える行為（インターネットを通じて行われるものを含む。）であって、当該行為の対象となった児童等が心身の苦痛を感じているものをいう。

1-3-2 力関係のアンバランスとその乱用がある

　同一集団内には、人間関係の相互作用の過程で「優位－劣位関係」が発生します。優位な力が乱用されると、いじめとなります。しかもその優劣は集団のなかで固定されたものではなく、流動的です。「いじめっ子」「いじめられやすい子」というように、個人的な特性に帰されるものでもありません。いじめとは、「相手に脆弱性を見出し、それを利用する、あるいは脆弱性を作り出していく過程」（森田、2010）です。

1-3-3 集団の心理がはたらく

　いじめの意図が特にない場合でも、集団のなかでは集団に特有の心理がはたらき、集団内部の相互作用が生じます。同調してしまう集団圧力[6]がかかったり、いじめに自分も加担しなければいじめに遭うのではないかという不安がわき起こったり、遊びが昂じていじめに転じたりすることがあります。「いじめの4層構造」（1-4参照）にある「観衆」や「傍観者」の存在も、いじめを作り上げます。滝川（2013）は、「対決すべき個人（主体）の存在が見えにくい（場合によっては存在しない）」といいます。

1-3-4 精神的な被害性の存在

　いじめは、身体的な暴力があったとしても、何よりも被害者の「心」に傷を負わせる行為です。しかしながら、他者が被害者の心理的なダメージの存在やその程度を判断することは難しいことです。したがって、いじめかどうか、の判断の根拠は被害者の感じ方にあります。深い心の傷は、最悪の場合、ひとりの人間の生命を失わせる悲劇を生みます。しかし、失われる生命とは、生物としての生命だけではなく、自己の尊厳や自己肯定感をはぎとられた末の、「人間存在としてのいのち」（森田、同）だといえます。

＊6｜集団のなかにおいて、個人の意図や意識とは異なる、集団の行動に同調する行動（同調行動）を起こさせる力のこと。集団には、校則のようなフォーマルな規範（集団規範）と、暗黙の了解や仲間内の感じ方の基準のようなインフォーマルな規範があり、規範から外れた行動には規範に沿うように引き戻す集団圧力がかかります。

1-4 いじめの構造

　いじめはいじめる側（加害者）といじめられる側（被害者）の2者関係で起こっているのではなく、集団の相互作用的な構造のなかで起こります。森田（1994）は、被害者—加害者の外側に「観衆」、その外側に「傍観者」という存在があり、その4者が絡まり合ったなかでいじめが起きている、としました（図8-2）。

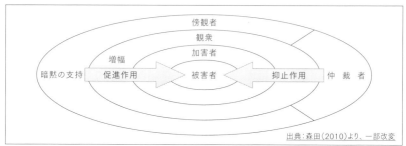

出典：森田（2010）より、一部改変

図8-2　いじめ集団の四層構造モデル

　このモデルによれば、観衆とは、はやしたてたり、おもしろがったりして見ている子どもたちです。いじめを積極的に是認することで、いじめを増幅させ、加害者側に加担しています。傍観者とは、自分が被害者になることを恐れたり、他者の問題に無関心だったり、集団に同調的であったりして、見て見ぬふりをしている子どもたちです。いじめを暗黙的に支持することによって、加害者に服従し、いじめを促進する存在となります。さらに、傍観者の存在は服従の構造を広げ、いじめ集団の圧力が強まり、止めに入ろうとする子どもをためらわせることになります。

　しかしながら、いじめという「力の乱用」に対する反作用として、周りで見ている子どもたちのなかに仲裁する子どもがいたり、直接止めに入らなくても、冷ややかで否定的な態度をとる子どもがいれば、いじめへの抑止力となります。

　ところが、この4つの層は流動的であり、立場は常に入れ替わります。そのため、被害者に転じることを恐れ、誰もが口を閉ざすことになれば、被害者はますます追い詰められ、いじめが進行することになります。

2. いじめへの対応

2-1 早期発見と短期的対応

　2013年に「いじめ防止対策推進法」が成立・施行され、いじめの防止・対策を講じることは国家・地方公共団体・学校等の責務である、と位置づけられました（文部科学省、2013b）。この法律によって、学校は、組織としていじめに対応する法的責務を負うことになり、学校ごとに具体的な方針を策定し、複数の教員・福祉・心理などの専門家その他の関係者により構成される組織を置き、定期的なアンケート調査や教育相談の実施などに取り組むよう求められています。

　それでは、子どもたちの日常に最も身近な存在である教師として、早期発見・対応のためにどのような対応を心がけるべきでしょうか。

　いじめの早期発見のためには、まず、授業中・休み時間・掃除の時間・放課後など、毎日の観察や雑談などを通して、一人ひとりの顔を見て、子どもたちの様子や小さな変化に目を配ります。子どもの心が表れやすい絵や作文などにも注目します。

　情報収集を心がけます。学級日誌でクラスの様子をうかがう、家庭との連絡ノートで家庭での様子を把握する、「何でも相談の時間」などの定期的な相談の時間を設ける、校内の教職員や学童保育の職員・地域の児童館の職員等と連携をとる、などによって日頃から情報を収集し、問題の兆候を見逃さないように努めます。

　その結果、暴力・恐喝・冷やかし・悪口・無視・物隠しなど暴力的な事態や支配的な人間関係が発生していることが疑われたら、保護者や教職員、地域の関係者間で情報を共有し、まず、学校や地域での被害者の安全を確保します。そして、すみやかに、組織（「いじめの防止等の対策のための組織」）として事実関係を確認し、対応に移ります（文部科学省、2013c）。被害者に対してはその訴えを受けとめ、「あなたが悪いのではない」とはっきり伝え、子どもの自尊感情を守ります。加害者に対しては、一方的・機械的に懲戒的な指導を

おこなうのではなく、行為は絶対に許されることではないことを伝えながらも、「そうしたくなった気持ち」を聴き、背景にあるものを探り、問題の再発を防ぐ教育の機会ととらえて対応します。その際、「いじめ」ということばではなく、具体的な行為で話すことが重要です。観衆や傍観者に対しても、自分の問題としてとらえさせます。たとえ、いじめを止めさせることはできなくても、誰かに知らせる勇気をもつことや、はやし立てたり、見て見ぬふりをしたりする行為はいじめに協力する行為である、ということを理解させます。

2-2 予防・長期的対応

　いじめの根本的な予防を考えるために、いじめが起こる背景や引き起こす要因をみてみましょう。

　土台には、子どもの社会性の発達(社会化)の問題があります。今日、子どもたちは、幼少時期からの仲間関係の経験が十分ではなく、社会化が進まないか、変容しています。ギャング・グループ[*7]は子どもを取り巻く環境の変化(序章参照)によってほぼ壊滅し、チャム・グループ[*8]が早期に始まり薄められたかたちで肥大化し、ピア・グループ[*9]になかなか移行しません(保坂、1998)。そのため、集団やそのなかの人間関係を自分たちで健康的に維持・コントロールし、自律的に問題を解決していく力の育ちが進みません。

　そういった背景のうえに、ほとんどすべての子どもが、被害者としても加害者としても、立場が入れ替わりながらいじめに巻き込まれるという実態[*10]があります。そうであれば、加害者側の個人的な要因(家庭環境・性格など)は特定できません。したがって、すべての子どもがいじめに巻き込まれる可能性があるものとして、予防の取り組みをおこなうことが、最も有効で理にかなった対策といえます。それでは、予防・未然防止への取り組みとはどんなことでしょうか。

　子どもたちが「いじめの加害に向かうか否か」には、いくつかの要因が影響します(国立教育政策研究所、2010)。

　加害者は何らかのストレスをもっています。ストレスが高まり、加害を実行

するかどうかには、直接的な原因となる「不機嫌怒りストレス」、それをもたらす4つの「ストレッサー」[*11]（勉強・教師・友人・家族）、ストレスを緩和させる「社会的支援」（教師・友人・家族）、逆にストレスを増やす「競争的価値観」の4つの要因が相互作用します（図8-3）。

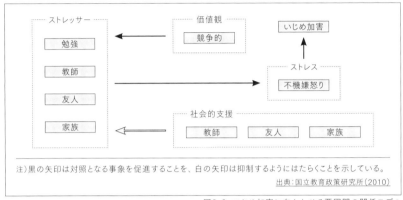

図8-3　いじめ加害に向かわせる要因間の関係モデル

　たとえば、「競争的価値観」が強いと、「勉強ストレッサー」「教師ストレッサー」「友人ストレッサー」「家族ストレッサー」からの影響を受けやすくなります。そのとき、「教師からの支援」「友人からの支援」「家族からの支援」が強いほど、それぞれのストレッサーからの影響を受けにくくなります。逆にそういう支援が少ない場合、ストレッサーの影響を強く受け、「不機嫌怒りストレス」が増大し、「いじめ加害」に結びつきます。さらに、特に「友人

---

*7｜親からの承認よりも、仲間集団からの評価が自己の維持に重要になる小学校中学年時に始まるとされます。反社会的行動を起こすこともありますが、集団の規則に従いながら自分なりの役割を担いつつ、集団で同じ行動（遊びなど）をとるなかで社会的スキルを獲得します。
*8｜チャムとは「親友」の意味。中学生の時期に形成されるといいます。第二次性徴を迎え、親から距離をとり始め、強い不安を抱くため同性の親密な友人関係が重要になります。ことばで互いの同質性を繰り返し確認し、異質なものを排除することで、集団を維持しようとします。
*9｜ピアとは「対等」の意味。共通・類似点のみならず、お互いの相違点をぶつけ合いながらも異質性を認め合う関係となり、性の差、年齢差も関係なくなります。高校生の時期に形成されるといいます。
*10｜小学4年生から中学3年生までの6年間で、9割程度の児童生徒が加害と被害の両方のいじめに巻き込まれています（国立教育政策研究所、2013）。
*11｜ストレスとはイライラ感や身体の不調などのストレス症状のこと。ストレッサーとは、それをもたらす原因や要因のこと。たとえば、「友人ストレッサー」とは、友人関係にまつわるいやな出来事や、いざこざで不安になるなど。「勉強ストレッサー」とは、授業がわからない、勉強ができなくて不安などの、勉強にかかわるいやな出来事。

ストレッサー」は、直接にも「いじめ加害」に向かわせるはたらきをします。

　まとめると、加害に向かわせる大きなリスク要因として、第1に「友人ストレッサー」、第2に「競争的価値観」、第3に「不機嫌怒りストレス」の3つが指摘されています。

　この結果に基づき、「自己有用感」を獲得する機会を増やし、「わかる授業」を提供する取り組みによって、いじめを大きく減らした事例が報告されています（国立教育政策研究所、2011）。

　滝（2013）は、これらの結果から、いじめの防止策として、「加害者にさせなければいじめは減る」とし、これらのリスク要因への対応が重要であると述べています。いじめの行為そのものは日常的なトラブル程度のことです。それが深刻な事態にまで発展してしまうのを防ぐためには、図8-3にある相互作用を引き起こさないこと、すなわち、学校（学級）風土の向上と子どもたちの社会性の発達支援に取り組むことです。

　この考えに照らせば、いじめを生みにくい学校（学級）風土とは、勝ち負けが強調されず、人間関係に安心感がもて、「みんなで何かをするのが楽しい」と感じられ、「授業がよくわかって楽しい」、「（勝ち負けではなく）自分が認められている」、「活動に主体的に参加でき、自分の居場所がある」、「自分は誰かのために役に立つ存在だ」と思えるところです。

　そして、「ささいなトラブルを安易に他者の攻撃に向けない（加害者にさせない）健全な社会性の育成」（滝、同）が求められます。その際、特定の子どもの性質や心理に原因があるとして対処しようとしたり、対人関係のスキル訓練や特殊なプログラムをおこなったりすることは有効ではありません。すべての児童生徒に対して、さまざまな他者とかかわるリアルな経験を豊かにし、日常のなかでのコミュニケーションの力を育て、学校以外の世界とのつながりを広げ（森田、2010／土井、2013など）、学校における一次的援助・開発的教育相談（第1章参照）としての社会性の発達を支援していくことが重要です。

2-3 インターネットによるいじめ

インターネット上の掲示板やブログへの書き込みやSNSなどを用いた、いわゆる「ネットいじめ」が急速に広がり深刻化しています。その行為には、「不特定多数の者から特定の子どもに対する誹謗・中傷が絶え間なく集中的におこなわれる」「電話番号や画像等の個人情報が無断掲載され悪用される」「特定の子どもになりすましてネット上で不適切な書き込みをして、その子どもの社会的信用を落としめる」などがあります。次の点が対面型のいじめと異なります。

- ・匿名性により安易に書き込めるため、子どもが簡単に加害者にも被害者にもなる。
- ・インターネット上に一度流出した個人情報は回収・消去することが困難であり、被害者も加害者も苦しみが続く。
- ・インターネットの接続が可能な環境にあれば、場所や時間を選ばずいじめの加害・被害が起こる。
- ・情報は短期間で不特定多数の人々に広がり、被害は一気に深刻化する。
- ・大人が、子どものインターネットやSNSの利用の実態を把握することが困難なため、いじめの把握と対応が難しい。

対応としては、2-1、2-2で述べた考え方が、対面型のいじめと同様、基本となります。そのうえで、次の事柄に努めます。

まず、教師・保護者が、インターネットやSNSが有するそれぞれのメディアとしての特性や子どもの利用実態に関して、理解を深めます。そして、低学年時から、学校と家庭の双方において、子どもの発達に応じた情報モラル教育を進めていきます。情報モラル教育においては、インターネット上のルールやマナー、危険回避の方法、個人情報やプライバシーの遵守、人権意識、著作権などに関し正しい知識を身につけさせます。インターネットやSNSは、もはや人々の言語・社会活動において欠かせない道具であり、そもそも、子どもたちがその正しいリテラシーを獲得することは、いじめの予防以前に不可欠な課題といえます。また、学校での携帯電話の取扱いに関するルールを策定し、遵守

させるようにします。家庭では、有害情報に対するフィルタリングをしっかりとおこない、家庭内でのインターネットやSNSなどの利用について家庭内で話し合い、ルールを決めることも重要です。さらに、ネットいじめが発見された場合は、必要に応じて、インターネット上の掲示板の管理者やプロバイダ、警察等との連携[*12]をおこないます。

＊12｜詳しい事例や対策については、文部科学省（2008b）などを参照してください。

3. ワーク8の答え

［ワーク8-1の考え方］

　子どもの言い分をていねいに聞きながらも、「いじめ」ということばを使うのではなく、「いやなキャラクター名で呼ぶ」などの具体的な行為について話し合い、おこなっていることがいじめであることに気づかせます。被害者の心の傷つきをていねいに説明します。

［ワーク8-2の考え方］

　いじめは、どんな子どもにも被害が及ぶ可能性のある、いじめに回る側にこそ問題のある暴力行為であって、「いじめられる側にも原因がある」のは、後づけの理由です。いじめは、他者の人権を踏みにじる行為であり、絶対にしてはならないことをまず教師があらためて認識する必要があります。そして、それを常日頃から子どもたちに毅然として伝える姿勢をもちます。直接の加害者ではない、観衆や傍観者といった周辺の子どもたちに対しても、いじめに加担していることを指導します。

　そのうえで、いじめる側にある問題（学校内外にあるさまざまなストレスや社会性の育ちの問題など）を探ります。また、学級内に楽しい活動があるか、授業が苦痛になっていないか、子どもたちのそれぞれの良さが活かされる学級になっているかどうか、それぞれの良さをお互いに認め合えるような場があるかどうか、なども振り返ります。また、このケースでは、加害側（リョウスケくん）は、教師が被害者（ケイくん）に日頃から送っている規範のメッセージ（「集団行動に遅れないようにする」）を盾にして、正当化しようとしています。児童や学級の成長に対する目標を立てて、その達成に向けて努力をさせていくことは必要なことですが、達成に向けた一人ひとりの努力のプロセスを認める姿勢を、より積極的に示すことも必要です。

［引用・参考文献］

土井隆義(2013).「変容する仲間集団の光と影—いじめ問題を正しく理解するために」『こころの科学』170　23-27

保坂 亨(1998).「児童期・思春期の発達」下山晴彦(編)『教育心理学2　発達と臨床援助の心理学』東京大学出版会

国立教育政策研究所(2009).「生徒指導支援資料「いじめを理解する」」(http://www.nier.go.jp/shido/centerhp/ijimetool/ijimetool.htm)

国立教育政策研究所(2010).「いじめ追跡調査　2007-2009」(http://www.nier.go.jp/shido/centerhp/shienshiryou2/3.pdf)

国立教育政策研究所(2011).「生徒指導支援資料3　いじめを減らす」(http://www.nier.go.jp/shido/centerhp/2306sien/)

国立教育政策研究所(2013).「いじめ追跡調査　2010-2012」(https://www.nier.go.jp/shido/centerhp/2507sien/ijime_research-2010-2012.pdf)

文部科学省(1994).「いじめの問題について当面緊急に対応すべき点について(通知)」(http://homepage3.nifty.com/naga-humanrights/shiryo1/child-tsuchi1.htm)

文部科学省(2008a).「いじめの定義」(http://www.mext.go.jp/component/a_menu/education/detail/__icsFiles/afieldfile/2013/10/18/1304156_01.pdf)

文部科学省(2008b).「「ネット上のいじめ」に関する対応マニュアル・事例集(学校・教員向け)」(http://www.mext.go.jp/b_menu/houdou/20/11/08111701/001.pdf)

文部科学省(2012).「平成23年度「児童生徒の問題行動等生徒指導上の諸問題に関する調査」について」(http://www.mext.go.jp/b_menu/houdou/24/09/__icsFiles/afieldfile/2012/09/11/1325751_01.pdf)

文部科学省(2013a).「平成24年度「児童生徒の問題行動等生徒指導上の諸問題に関する調査」について」(http://www.mext.go.jp/b_menu/houdou/25/12/__icsFiles/afieldfile/2013/12/17/1341728_01_1.pdf)

文部科学省(2013b).「別添1　いじめ防止対策推進法(概要)」(http://www.mext.go.jp/a_menu/shotou/seitoshidou/1337288.htm)

文部科学省(2013c).「学校における「いじめの防止」「早期発見」「いじめに対する措置」のポイント」(http://www.mext.go.jp/a_menu/shotou/seitoshidou/1340769.htm)

文部科学省(2017).「いじめの重大事態の調査に関するガイドライン」(http://www.mext.go.jp/component/a_menu/education/detail/__icsFiles/afieldfile/2017/03/23/1327876_04.pdf)

文部科学省(2018).「平成28年度「児童生徒の問題行動・不登校等生徒指導上の諸課題に関する調査」(確定値)について」(http://www.mext.go.jp/b_menu/houdou/30/02/__icsFiles/afieldfile/2018/02/23/1401595_002_1.pdf)

森田洋司・清永賢二(1994).『新訂版いじめ—教室の病い』金子書房

森田洋司(2010).『いじめとは何か—教室の問題、社会の問題』中央公論新社

滝川一廣(2013).「いじめをどうとらえ直すか」『こころの科学』170　16-22

滝 充(2013).「いじめを減らす学校の取組とは」『児童心理』67(7)　631-637

第**9**章

不登校への対応

不登校の背景にある主な事情や原因を理解し、予防と対応方法を学びます。

ワーク9

保健室で過ごしたい…

　中学1年生のヨウコさんは、穏やかで優しい子どもです。同じ小学校から進学した仲良しの女子の友だちも2、3人ほどいて、そこに別の小学校から入ってきた数人の女子が加わり、休み時間はそのグループで集まっておしゃべりをしています。自宅ではグループのなかでSNSを使って連絡を欠かさないようです。しかし、2学期が始まって表情が乏しくなり、「頭が痛い」「お腹が痛い」「だるい」などと言っては、保健室に行くことが増えてきました。

　担任は、中学入学の直後、保護者（母親）から、ヨウコさんが誕生時から大病を抱え、幼児期に大きな手術を何度か繰り返し、治癒はしたものの体はあまり丈夫ではない、ということを聞いています。特に体育や数学などの特定の教科の時間に、保健室に行くことが多いようです。病気による欠席が何回かあった後、理由がはっきりしないまま欠席したことがありました。

　担任があらためて保護者に電話で話を聞いたところ、「ヨウコが「男の子が怖い」と言いました」とのことでした。それ以上はたずねても何も答えないそうです。母親は「男の子って、誰でしょう？　何かいじめでもあるのでしょうか？」と非常に心配しています。

［ワーク9-1］

　ヨウコさんは、学校に行くのがつらくなっているようです。このままにしておくと、不登校に陥ってしまうように思われます。担任として、ヨウコさんの今の状況に対し、どのように対応したら良いでしょうか。

121

1. 不登校とは何か

1-1 不登校の実態

　不登校とは、年度内に30日以上欠席した児童生徒で、「何らかの心理的、情緒的、身体的、あるいは社会的要因・背景により、児童生徒が登校しないあるいはしたくともできない状況にあること（ただし、病気や経済的な理由によるものを除く）」とされます（文部科学省、2014）。

　不登校の問題は、昭和30年代から注目され始め、40年代には「学校恐怖症（school phobia）」と呼ばれ、一部の子どもが抱える病的な問題（神経症）としてとらえられました。その後、学校に行くことを拒否する状態を指して「登校拒否」と変わりました。現在では、どんな理由であれ、学校に行かない・行けない状態を広く表すことばとして、「不登校」が用いられています。

　この呼称の変化の背景には、現在の不登校の子どもたちのありかたが多様化し、その原因も複雑に重なり合っていること、どんな子どもにも起こり得るととらえられるようになったこと、などがあります。

　文部科学省（2018）によれば、不登校の児童生徒数は、全国の国・公・私立学校に通う小中学生数に対し、1991年度の0.47％から、2001年度の1.23％まで増加の一途をたどり、その後は1.1％から1.3％程度を推移し、減少する傾向は見られません。2016年度では、小学生の208人に1人、中学生の33人に1人の割合で不登校が発生しています。

　学年別に見ると、学年の上昇とともに増加し、特に小6から中1にかけてほぼ3倍に増大する傾向があります（図9-1）。これは、小学校から不登校が続いている子どもに加え、思春期という発達段階に入ったことによる心理的影響や、中学進学という環境の変化をきっかけとして、新たに不登校となる子どもが多いためです。これは後述する「中1ギャップ」と呼ばれる現象のなかのひとつとされます。

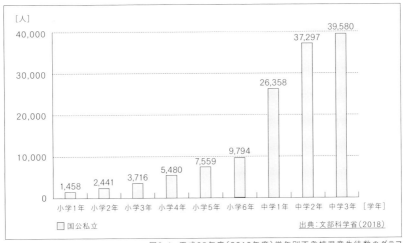

図9-1　平成28年度(2016年度)学年別不登校児童生徒数のグラフ

1-2 不登校の原因

　小・中学生の子どもが不登校になったと考えられる状況は、教師を対象とした調査によれば、「不安など情緒的混乱」「無気力」などの本人の問題、「親子関係をめぐる問題」や「家庭の生活環境の急激な変化」などの家庭の問題、「友人関係」「学業不振」などの学校生活の問題などがあります(表9-1)。
　それらの問題は単独ではなく、複雑に重なり合っていますが、本人のタイプ(本人に係る要因)によって一定の傾向が見られます。表9-1によれば、「学校における人間関係に課題」のあるタイプの不登校には、「友人関係」の要因が多く選択されています(70.6%)。それ以外のタイプでは、「家庭に係る状況」が多く選択されています。そのうえで、「学校に係る状況」を見ると、「あそび・非行傾向」のタイプでは「学校の決まり等をめぐる問題」や「学業の不振」、「無気力の傾向」のタイプでは「学業の不振」、「不安の傾向」のタイプでは、「友人関係」「学業の不振」がそれぞれ大きな要因であると選択されています。

表9-1　不登校の要因（国公私立小・中の合計）

本人に係るタイプ・要因〈分類〉 ＼ 学校、家庭に係る要因〈区分〉	分類別児童生徒数	学校に係る状況								家庭に係る状況	左記に該当なし
		いじめ	いじめを除く友人関係をめぐる問題	教職員との関係をめぐる問題	学業の不振	進路に係る不安	クラブ活動・部活動等への不適応	学校のきまり等をめぐる問題	入学、転編入学、進級時の不適応	家庭の生活環境の急激な変化、親子関係をめぐる問題、家庭内の不和等	
「学校における人間関係」に課題	22,556	543	15,920	1,720	2,571	563	1,043	423	1,220	3,435	1,092
	—	2.4%	**70.6%**	7.6%	11.4%	2.5%	4.6%	1.9%	5.4%	**15.2%**	4.8%
	16.9%	**78.6%**	**47.1%**	**47.1%**	9.8%	10.2%	**33.9%**	8.6%	14.9%	7.5%	4.2%
「あそび・非行」の傾向	6,414	2	564	188	1,759	247	100	2,091	167	2,665	784
	—	0.0%	8.8%	2.9%	**27.4%**	3.9%	1.6%	**32.6%**	2.6%	**41.5%**	12.2%
	4.8%	0.3%	1.7%	5.1%	6.7%	4.5%	3.3%	42.6%	2.0%	5.8%	3.0%
「無気力」の傾向	40,532	34	4,295	503	11,435	1,656	682	1,269	2,084	17,099	8,153
	—	0.1%	10.6%	1.2%	**28.2%**	4.1%	1.7%	3.1%	5.1%	**42.2%**	20.1%
	30.3%	4.9%	12.7%	13.8%	43.4%	30.0%	22.2%	25.8%	25.5%	37.2%	31.2%
「不安」の傾向	41,756	89	11,412	950	8,523	2,650	1,054	769	3,647	12,468	8,337
	—	0.2%	**27.3%**	2.3%	**20.4%**	6.3%	2.5%	1.8%	8.7%	**29.9%**	20.0%
	31.2%	12.9%	**33.8%**	26.0%	**32.3%**	**48.0%**	34.3%	15.7%	44.6%	27.1%	31.9%
「その他」	22,425	23	1,612	293	2,078	401	196	361	1,051	10,357	7,800
	—	0.1%	7.2%	1.3%	9.3%	1.8%	0.9%	1.6%	4.7%	**46.2%**	34.8%
	16.8%	3.3%	4.8%	8.0%	7.9%	7.3%	6.4%	7.3%	12.9%	22.5%	29.8%
計	133,683	691	33,803	3,654	26,366	5,517	3,075	4,913	8,169	46,024	26,166
	100.0%	0.5%	25.3%	2.7%	19.7%	4.1%	2.3%	3.7%	6.1%	34.4%	19.6%

注1）「本人に係る要因（分類）」については、「長期欠席者の状況」で「不登校」と回答した児童生徒全員につき、主たる要因一つを選択。

注2）「学校、家庭に係る要因（区分）」については、複数回答可。「本人に係る要因（分類）」で回答した要因の理由として考えられるものを「学校に係る状況」「家庭に係る状況」より全て選択。

注3）中段は、各区分における分類別児童生徒数に対する割合。下段は、各区分における「学校、家庭に係る要因（区分）」の「計」に対する割合。

注4）表の数字のうち、一定の傾向が見られるものを太字で示している。

・**家庭の生活環境の急激な変化とは**｜両親の離婚・親の失業や転職・家族成員との死別・きょうだいの不登校・転居などがある。

・**親子関係の問題とは**｜分離不安・過保護・過干渉などがある。

・**無気力とは**｜無気力でなんとなく登校しない、登校しないことへの罪悪感が少なく迎えに行ったり強く催促したりすると登校するが長続きしない、などがある。

・**不安など情緒的混乱とは**｜登校の意志はあるが体の不調を訴え登校できない、漠然とした不安を訴え登校しないなど、不安を中心とした情緒的な混乱によって登校しない（できない）などがある。

出典：文部科学省（2018）より、一部改変

状態像としてもさまざまです。自宅内外で遊ぶ子ども(怠学)、非行問題の絡むもの、心身の病気が絡む子ども、学校での出来事が引き金で行けなくなってしまった子ども、学校に行けない理由が本人も周りにもわかりづらいが学校に行くエネルギーのない子ども、行きたいと願っていても行けない子どもなどです。

1-3 不登校の子どもの抱える困難な状態

不登校の状態にある子どもの抱える困難な状態には、大きく分けて心理的要因と身体的要因とがあり、それらが分かちがたく複合し、またその背景に社会的な要因がはたらいていると考えられます(図9-2)。

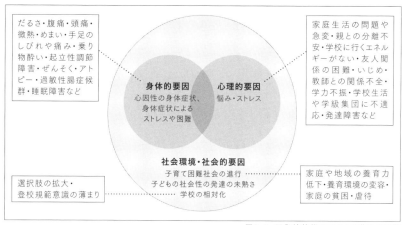

図9-2 不登校状態の子どもの抱える困難

不登校の背後にある社会的な要因とは、子どもの周りの養育環境が変容し、子育て困難社会が広がっていることです(序章参照)。それを背景に、子どもの社会性の発達(社会化)がなかなか進まず、脆弱化しています。そして、そういった社会や子どもの変化に柔軟に対応できない学校の問題も指摘されています(たとえば、小林、2002)。そのうえ、「学校とは行かなければならないところである」という登校規範意識が薄まり、学校に行くことが絶対視されなくなりました。教育支援センター(適応指導教室)やフリースクールなどの

選択肢も広がりました。いわば、良くも悪くも、学校の存在が相対化している
といえます。

　心理的要因とは、まず、主に社会性の発達の未熟さや脆弱さによるもの
です。小学校の低学年の児童に見られやすい分離不安[*1]、家庭生活の急激
な変化や不安定さから生じるストレスや不安、学校へ行く意欲や気力のな
さ、対人関係のうまくいかなさや集団生活への不適応などがあります。

　学業面でのつまずきによるストレスも要因となります。小学校の中学年から
高学年にかけて不登校が増える理由のひとつに、学習内容の難化があります。小学校中学年期は、本格的な教科教育への移行期にあたり、言語を媒
介とした抽象的思考を必要とする学習が急激に増し、学習内容が難化しま
す。それによって、「9歳の壁」と称される、学校生活におけるつまずきにつな
がる場合があります。成績不振が認められる場合は、子どもに応じた学習
支援が必要です。逆にいわゆる「浮きこぼれ」[*2]と呼ばれるケースもあります。

　小学校高学年から中学生にかけては、第二次性徴の始まりに伴い、生物
学的な意味での思春期に入ります。身体の急速な変化に戸惑い、「子ども」
であった人格が壊され、「大人としての自己」の構築に向かいます。これを
「第2の個体化過程」とも呼びます(Blos, 1962)。このプロセスにおいて、子
どもは養育者からの心理的な自立と依存との間で揺れ動き、家族よりも仲間
関係が重要な準拠集団となっていきます。仲間関係はチャム・グループと呼
ばれる集団のなかで、ことばによって、同質であること(「私たちは同じ」)が繰
り返し確認され、集団の凝集性が保たれようとします(第8章参照)。そのよう
ななかで、友だちとの関係性や他者からの評価に過敏になり、息苦しさや強
いストレスを感じたりします。そのような思春期特有の心理状態に加え、中学
進学という環境の変化により、「中1ギャップ」[*3]の問題が生じ、不登校につな
がりやすくなります。

　身体的要因とは、朝起きると頭痛や腹痛が起こる、体育のある日は微熱
が出る、学校が休みの日には体調が良くなるなど、心理的ストレスが身体化
した身体症状があることです。また、起立性調節障害[*4]などの身体の病気が
出ることによって、心理的なストレスが発生したり増加したりする、という相互

作用もあります。身体症状に対しては、心理的要因が絡む(心因性)と思われても、身体症状は確実にあるものとして対応することが基本です。「気持ちのもちよう」「がんばりが足りない」などととらえてしまうと、「全面的に身体症状そのものが「自分の努力不足である」という文脈で考えられ」(小林、2004)てしまい、事態が悪化します。

　また、不登校に、発達障害や発達の偏りが絡む場合があります。杉山(2009)は、学校の対応ではうまくいかず医療機関の不登校外来を受診するに至る児童生徒の大半に、何らかの発達障害が認められ、特に自閉症スペクトラム障害(ASD)が多いといいます。その場合、子どものニーズに見合った教育的配慮をおこなうことが基本的な対策となります。

　以上のような事態が進んだとき、子どもが最後にとることのできる問題解決の手段(第7章参照)とし、「学校に行かない」状態が表れます。不登校とは、その子なりにそれを必要としているものであり、大人に対して援助を求める信号であるということを理解し、受けとめることが支援の始まりです。

＊1｜アタッチメントの対象である養育者から離れることに対して大きな不安を感じること。その背後には養育者との不安定なアタッチメントが多く見られます。

＊2｜能力的・心理的な発達水準が高い(「優秀児 gifted」)ために、学校の授業や周りの子どもたちの言動がつまらなく、孤立したり不登校になったりする不適応状態のこと。現在のわが国における学校教育の枠組みにはなかなか入りきれないケースのひとつといえます。学校での配慮や取り組みや、学校以外での、子どもに合った適切な教育の場でのサポートを考える必要があります。

＊3｜学校の仕組みの変化や学習面の負荷の増大、人間関係の複雑化といった大きな環境の変化に適応できず、そのストレスが心身症というかたちで身体化されたり、いじめや不登校、暴力行為などとして行動化されたりする問題のこと。

＊4｜起立性調節障害(Orthostatic Dysregulation, OD)：自律神経のはたらきが悪いため、起立時に脳血流や全身への血行が維持できなくなる病気。朝起きるときに立ちくらみやふらつきがあり、食欲不振、全身の倦怠感、立っていると気分が悪くなる、などの症状が出ます。脳血流が悪いために、思考力・集中力も低下します。自律神経系の日内リズムが後方にずれ込んでいるため、夜は体が元気になり、寝つきも悪くなります。好発年齢は10から16歳、有病率は小学生の約5％、中学生の約10％とされ、女児に多く見られます(男児：女児＝1：1.5〜2)。ODの約半数に不登校が併存し、また、不登校の3から4割にODを伴います。説明・説得療法、非薬物療法(水分・塩分摂取など)・薬物療法・学校への指導や環境調整などで治療します。心理社会的な要因が関与しているケースもあり、その場合は、薬物療法に加え、学校への指導や、友だち・家庭などの環境調整や心理療法(カウンセリング)をおこないます(日本小児心身医学会、2008、2009)。

2. 不登校への対応

2-1 不登校の予防

　不登校への取り組みとして最も大切なことは、予防です。予防のための取り組みには、すべての子どもに対する「未然防止」と、リスクを抱え苦戦している子どもに対する「初期対応」の2つがあります。

2-1-1 未然防止

　未然防止とは、子どもの発達をうながすことによっておこなわれる教育的な予防です。国立教育政策研究所(2014)は、これを「当面の問題のみならず将来の問題にも対応できるよう、すべての児童生徒が問題を回避・解決できる大人へと育つことを目標に行われる健全育成型の予防」としています。

　滝(2010)は、不登校を減らすために、不登校になりかけている子どもや、不登校に陥った子どもに対する対症療法的な対応ではなく、「新たに不登校にさせない」[*5]未然防止の方策をとることの重要性を強調しています。未然防止策とは、子どもの発達をうながすために、特別な心理教育プログラムやトレーニングを施すといった、治療的な発想に立つものではありません。子どもと教師との信頼関係を土台とし、日々の授業や学校生活において、学習面と社会性の発達を伸ばす日常の取り組みです。学校教育における一次的援助や「開発的教育相談」の考え方に該当します(第1章参照)。

　それは、次のような実践です。①子どもが「授業がわかっておもしろい」と思え、学習活動に主体的にがんばることができ、②学級に適切なルールとリレーション[*6]があり、学級が安心できる場であり、③いろいろな友だちとの遊びやかかわりがもて、④集団において自分の意見を表明することができ、一人ひとりが認められ活かされ、自己有用感をもてる、など。

　菅野(2008)は、「子どもはなぜ学校に行くのか・行けるのか」という逆説的な問いに対して、「登校行動の4条件」をあげています。4条件とは、登校規範・プラスの学校体験・心のエネルギー(教師や親によって大切にされ、友だち

同士のかかわりや周囲の人から認められる経験を積むなどして蓄えられる)・社会的能力の4つです。それらがバランスよく子どものなかにそなわって、初めて登校が可能となる、と述べています。「家にいるより学校が楽しいから」「学校に行くと元気が出るから」と思える学級づくりをめざしたいものです。

2-1-2 初期対応

子どもが登校しぶりを始めたり、教室にいられない時間が増えたりするなどの、何らかの予兆や危機のサインが見られた場合、すみやかに初期対応をとります。

初期対応とは、治療的な予防策をとって問題の進行をくいとめることであり、「問題に対する専門的な知見を踏まえ、早期発見・早期対応を徹底したり、さらに一歩進めて発生を予測したりするなど、問題を起こしそうな(課題のある)児童生徒を念頭において行われる問題対応型の予防」(国立教育政策研究所、2014)です。これは、学校教育における二次的援助や「予防的教育相談」の考え方に該当します(第1章参照)。具体的には次のように取り組みます。

①初期のサインや兆候に気づく

次のような様子が見られたら、子どもからのSOSのサインとしてとらえます。全体的にマイナスの様子(暗い表情や沈んだ雰囲気、意欲のなさなど)、学校での変調(欠席や遅刻の増加、行事のある日や決まった曜日に欠席する、保健室利用の増加、授業中にぼんやりしている、休み時間や掃除の時間に孤立している、成績の急降下など)、家庭での心配な状態(起床時刻と就寝時刻が遅い、朝の体の調子が悪い、学校の話が出ない、過度に甘えるなど)。

＊5｜滝によれば、平成19年度の小中学校での不登校児数は129,255名で、平成20年度は126,805名と、みかけは2,450名の減少となっています。しかし、平成19年度中学校3年生の不登校児が卒業した数や不登校が解消した数を差し引くと、平成20年度にかけて新たに不登校になった小中学校の児童生徒数は64,046名にも上ります。
＊6｜「ルール」とは、集団内の規律。「リレーション」とは教師と子ども、子ども同士の間に、役割の交流だけではなく、内面的なかかわりを含む親和的で受容的な人間関係があること。児童生徒一人ひとりが居心地の良さを感じる学級になるためには、学級に「ルール」と「リレーション」の2つの要素が同時に確立していることが必要条件とされます(河村、1996)。

②問題をアセスメントする

　不登校の状態は多様であり、原因も重なり合っているため、問題の状況をつくっている事柄やその相互関係を的確にアセスメントすること（第6章参照）が重要です。

a. 子どもに関する情報を収集する

・出欠状況、成績、生徒指導資料、作文、絵や図工などの作品、答案、学級日誌などの資料を揃えます。

・ほかの子どもたちの声を聞きます。

・本人の様子や行動を注意深く観察します。

・本人と雑談したり話を聞いたりします（ただし、子どもは年齢が低いほど、自分の状態を意識したり、それをことばで表すことは難しいという点に留意します）。

・校内外の関係する教職員から情報を収集します（前担任・養護教諭・教科担任・隣のクラスの担任・きょうだいの担任・スクールカウンセラー、学童保育指導員や児童館職員など）。

・保護者との面談をおこないます。過去の不登校の経験の有無・家庭での生活の様子・生育歴・親として不登校の理由をどのように考えるか・学校に望むことなどを聴きます。

b. ケース会議をおこない問題をチームでアセスメントし支援の方策を立てる

　関連する複数の教職員（管理職・担任・生徒指導担当・教育相談担当・学年主任・前担任・養護教諭・教科担任、スクールカウンセラーなど）が参加し、収集した資料を整理して、問題の状況を分析します。支援の暫定的な目標や方策を検討します。

c. 校内教職員の共通理解を図り具体的な支援の方法をとっていく

　いじめや友人関係のトラブル、学習面でのつまずき、発達障害や発達の偏りなどが認められた場合、学校でできることにはしっかりと対応策をとります。身体症状には医療機関の受診をすすめます。分離不安があると思われる場合は、可能な限り、保護者の付き添いを依頼し、保護者が教室内から

廊下、廊下から保健室で待機するなど、段階的にゆっくり離れることができるようにします。

登校刺激[*7]は、不登校が過去に経験のない場合や、休んでいてもまったく悩んでいないように見える場合、主に遊びや怠けによると思われる場合などには有効だといわれます。しかし、明らかに何らかの心理的なショックを負っていると判断できるときや、まじめでがんばりすぎる傾向があり、登校できないことに悩んでいる子どもに対しては、ゆっくり休んで心のエネルギーを蓄えることを優先します。

ただし、ここで注意しなければならないことは、支援の目的は子どもが「登校すること」ではなく、「登校を妨げている問題を解決すること」「安心して楽しく学級にいられるようになること」だということです。不登校というかたちで子どもが表している、何らかの問題や真のニーズにアプローチできるよう、支援の方法を考えます。

d. 保護者を支援する／保護者と相談し、家庭でできることをおこなってもらう

保護者は、わが子の登校しぶりに大きな不安や焦りを抱いています。保護者に対しては、その苦労をねぎらい、気持ちを支えます。家庭に何かしらの問題があるように思われる場合でも、決して保護者が「責められている」と感じることのないよう、「ともに対策を考える」姿勢をもちます。規則的な生活習慣を保つ、家族でゆっくり遊びに出かけるなど、家庭でできることを提案します。

＊7｜学校に行きたがらない子どもに、言語的・非言語的に登校をうながすはたらきかけのこと。言語的なうながしには、親からのうながし以外にも、毎朝担任が電話をかける、クラスの友だちに誘いに行かせるなどがあります。非言語的なうながしには、親がランドセルの準備をする、友だちに学級新聞を届けさせる、などがあります。

第9章　不登校への対応　　131

2-2 長期化している不登校への対応

　不登校が長期化している場合、生育歴や家族関係などに複雑で根深い葛藤や問題が隠れていたり、子どもの発達に大きな課題があったりします。この場合、次のような対応が重要です。

2-2-1 将来の社会的自立に向けた支援の視点をもつ
　子どもの将来的な社会的自立が支援の目標となるので、不登校を「進路の問題」としてとらえ、進路指導や学習支援、そのための情報提供などをおこないます(文部科学省、2003)。

2-2-2 内外の連携によって支援する
　学校・家庭・内外の専門機関の連携がよりいっそう重要となります。校外機関との連携としては、教育委員会・教育支援センター(適応指導教室)・医療機関・相談機関・フリースクール・福祉機関などがあります。小学校時に不登校が続いていたり、欠席がちだったりした子どもには、中学校との連携が重要です。

　家庭に対しては、子どもの変化が見られなくても、定期的に面談や家庭訪問をおこなうなどして、つながりを決して絶たないことが大切です。また、子どもは、長い時間の経過のなかで、「家中の掃除をするようになった」「食欲が少し出てきた」などの、何かしらのプラスの変化を出してきます。卒業式などの学校行事の日や、夏休み前などの節目の時期に、「午後から学校に行く」などと、突然動き出すこともあります。日頃から連絡をとり続けていれば、子どもに何らかの変化や動きがあったとき、保護者がそれをタイムリーに学校に伝えやすくなり、教師はそのチャンスを逃さず、本人にはたらきかけることができます。

3. ワーク9の答え

　まず、p.130の②のように、情報収集をしてアセスメントをします。子どもの変化の実態をきちんと整理し、多方面からの情報を集め、それに応じた対応を教職員のチームで考えます。

　頻繁に体の不調を訴えることについては、医療機関で診てもらい、学校でもしっかり受けとめてケアします。保健室に行くのは、「怠けではなく、保健室に行くことで学校にいられるようがんばっている」ととらえ、そのことをほかの教職員にも共通理解してもらいます。

　各教科の成績や得意不得意などを確認し、学習面でのつまずきがないかどうか、検討します。

　対人関係では、友だち関係の状況を見ます。チャム・グループである女子のグループのなかの状況に、息苦しさやうまくいかなさがあるのかもしれません。「男の子が怖い」のが、いじめや何らかのトラブルのせいなのかどうか、本人や周囲の子どもたちから話を聴きます。部活での様子や、顧問や指導者の教師をも含めた人間関係の状況も把握します。この点には、特にスクールカウンセラーとの連携が重要です。

　もちろん、問題が発見されたら対処します。しかし、特に加害的な行為をしている「男の子」がいるわけではなく、過去の経験や、集団や他者に対する、漠然とした不安を訴えていることばである場合もあります。その場合も、「うそ」ではなく本当の気持ちだとして受けとめます。そこには、ヨウコさんの社会性の発達の課題があるのかもしれません。

　学校では、ヨウコさんの好きなことや楽しいと思うことについておしゃべりしたり、学級内で得意な役割を配ったりして、ヨウコさんの健康で元気な部分を焦点化します。できる活動のなかで、他児に褒められる場面を多くつくります。ほかの教職員からも、肯定的な声かけを多くしてもらいます。

　保護者と面談して、生育歴やこれまでの育ち、家族の状況などを聴きます。「誕生時からの大きな病気」が、母親にとっては、現在も子育てや子どもの成長への不安を拭いきれない要因になっていたり、子どもに対して過度の注目を向ける傾向を生んでいたりするのかもしれません。母親の過度な不安は、子どもの自立を難しくしてしまいます。保護者に対しては、幼少期からの子育ての苦労をていねいに聴きとり、大病という困難を親子で乗り越えてきたことに敬意を払い、現在のヨウコさんのもつ強さや良さを伝えながら、発達の課題を乗り越えようとしているとして（第5章参照）励まし

第9章　不登校への対応　　133

ます。

　不登校の対応に、正解はありません。回復の過程やかかる時間もさまざまです。一つひとつのケースに対して、基本的な知識のうえに、試行錯誤しながらオーダーメイドに取り組む姿勢が大切です。

［引用・参考文献］

Blos, P. (1962). *On Adolescence: A Psychoanalytic Interpretation*. Free-Press. (P. ブロス (1971). 野沢栄司 (訳)『青年期の精神医学』誠信書房)

菅野 純 (2008).『不登校 予防と支援 Q&A70』明治図書

河村茂雄 (1996).『楽しい学校生活を送るためのアンケート Q-U』図書文化

小林正幸 (2002).『先生のための不登校の予防と再登校援助―コーピング・スキルで耐性と社会性を育てる』ほんの森出版

小林正幸 (2004).『事例に学ぶ不登校の子への援助の実際』金子書房

国立教育政策研究所 (2014).「生徒指導リーフ5「教育的予防」と「治療的予防」」(http://www.nier.go.jp/shido/leaf/leaf05.pdf)

文部科学省 (2003).「不登校の対応について」(http://www.mext.go.jp/a_menu/shotou/futoukou/03070701/001.pdf)

文部科学省 (2014).「平成24年度「児童生徒の問題行動等生徒指導上の諸問題に関する調査」の訂正値の公表について」(http://www.mext.go.jp/b_menu/houdou/26/03/__icsFiles/afieldfile/2014/03/31/1345890_02.pdf)

文部科学省 (2018).「平成28年度「児童生徒の問題行動・不登校等生徒指導上の諸課題に関する調査」(確定値)について」(http://www.mext.go.jp/b_menu/houdou/30/02/__icsFiles/afieldfile/2018/02/23/1401595_002_1.pdf)

日本小児心身医学会 (2008).「起立性調節障害」(http://www.jisinsin.jp/detail/01-tanaka.htm)

日本小児心身医学会 (編) (2009).『小児心身医学会ガイドライン集―日常診療に活かす4つのガイドライン』南江堂

杉山登志郎 (2009).『そだちの臨床―発達精神病理学の新地平』日本評論社

滝 充 (2010).「不登校を減らす―事実を直視した対応の必要性」『信濃教育』7　10-18

第**10**章

特別な支援を要する子どもへの対応1
──理解と支援の考え方の基本

　発達の障害や、発達の偏りが気になる子どもなど、発達に何らかの困難を抱え、特別な支援を要する子どもが増えてきました。本章では、特別な教育ニーズのある子どもたちへの教育に関する基礎知識と、障害がある・発達に困難を抱えるとはどういうことなのか、およびその支援の考え方の基礎を学びます。

ワーク10

ヒロシくんは、自閉症だから…

　自閉症スペクトラム障害の小学1年生のヒロシくんは、通常学級に通っています。2学期のある朝のこと、校門までやってきたところ、そこには、いつも「おはようございます」と、にこにこしながら皆を出迎えてくれる校長先生の姿がありませんでした。代わりに教頭先生が立っていたのです。それを見たヒロシくんは、いきなり「わーっ」と叫んで激しく泣き始め、地面にひっくり返り、なかなか起き上がることができません。

　これを聞いた担任の先生は、「自閉症だからね。パターンが崩れるとパニックになってしまうんだよね。しかたない」と考えました。

[ワーク10-1]

　自閉症スペクトラム障害の子どもは、順序や位置などの環境がいつも同じであることにこだわります。ヒロシくんのこの姿に対し、担任の、「自閉症だからしかたがない」という考えをどう思いますか。そして、どのように対応したら良いでしょうか。

135

1.　特別な教育ニーズのある子ども

1-1 特別支援教育

　教室のなかには、知的発達の遅れはないように思われるものの、「対人関係をうまく結べず、集団行動ができない」「落ち着きがなく授業中座っていられない、最後まで課題に取り組めない」「「読む」「書く」などの特定の学習能力のみが著しく不得意」などの子どもたちがいます。そういった子どもたちに対しては、学習面と生活面の両方に関し、従来の指導方法をそのまま当てはめるだけでは立ち行かず、集団に対する指導方法の改善や、個別の配慮が求められます。

　文部科学省が2002年に、小中学校の教師を対象としておこなった全国調査（文部科学省、2002）では、そのような支援を要する子どもが、通常学級に約6.3％も存在する[*1]ことがわかりました。

　そのような実態を背景とし、学校教育法の一部改正等を受け、2007年4月、特別支援教育がスタートしました。特別支援教育においては、従来の特殊教育の対象（視覚障害、聴覚障害、知的障害、肢体不自由、病弱・身体虚弱、言語障害、情緒障害）には入らない、アスペルガー症候群などの広汎性発達障害[*2]、ADHD（注意欠陥／多動性障害）、LD（学習障害）などの子どもたちが、「発達障害」と新たに定義[*3]され、すべての学校において個々のニーズに基づいて教育することが定められました。特別支援教育の対象とされる子どもの状況については、図10-1を参照してください。

＊1｜　2012年の調査によれば、小学校全体では約7.7％、小中学校全体では約6.5％。
＊2｜広汎性発達障害は、2013年5月より、正式な診断名は自閉症スペクトラム障害（または症）となりましたが、本章では、DSM-Ⅳに基づく診断名が記載された文章は、そのまま表記します。
＊3｜特別支援教育における発達障害とは、2005年4月に施行された発達障害者支援法によって定義されます。「自閉症、アスペルガー症候群その他の広汎性発達障害、学習障害、注意欠陥多動性障害その他これに類する脳機能の障害であってその症状が通常低年齢において発現するもの」とされています。

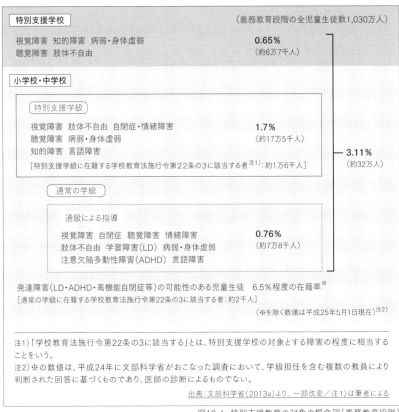

図10-1 特別支援教育の対象の概念図（義務教育段階）

1-2 発達障害とは何か

「発達障害」の本来の意味は、英語表記のDevelopmental Disordersに、より正しく表されています。Disorderとは、「秩序が乱れていること」です。「障害」という語には、人を、正常か異常かという、異なる2つのものに分ける、という意味あいが読み取れます。しかし、Developmental Disordersとは、発達の「道筋の乱れ」や「偏り」、あるいは「発達凸凹」（杉山、2009a）、という理解がはるかに近いものです。発達障害には次のような共通の特徴があります。

第10章　特別な支援を要する子どもへの対応1——理解と支援の考え方の基本　　137

1-2-1 基盤に生物学的な制約がある

　発達障害は、親の育て方や親子関係が悪い、などの原因によっては生じません。生物学的な制約、多くの遺伝子レベルの素因がはたらきます。そしてそこに、環境要因、たとえば親の高年齢、出生時低体重、体外受精、大気汚染などのリスク要因が相互作用して起こることが検証されつつあります（杉山、2009b）。

1-2-2 状態が発達とともに変化する

　状態や問題は、発達段階やライフステージが進むにつれて、姿を変えて現れてきます。それぞれの発達段階にある一般的な特徴と、子どもを取り巻く環境を含めた子どもの個としての育ちに、障害に固有の問題が加わり、相互に絡み合いつつ変わっていきます。総体としてのある時期の育ちが、次の、あるいはその先の発達を決めていきます。「障害」が決めていくのではありません。

1-2-3 ある領域の発達の状況がほかの領域の発達に相互に影響する

　たとえば多動で注意の集中の困難を抱えている場合、集団内で適切に行動し、他者とスムーズに相互交渉をおこなう社会性の発達が阻害されやすくなり、それは自己意識や情動の発達、学習面などにも影響していきます。

1-2-4 医学的な治療や訓練などによって「治る」ものではない

医学的な診断や医師の助言は、子どもを正しく理解し、日常での適切な支援につなぐために重要な情報のひとつです。しかし、医療機関での根治的な「治療」は期待できません。子どもの良好な発達は、日々の生活のなかでの適切な支援（養育・教育・保育など）によって実現します。専門的な訓練は、日常の環境や支援が良好な場合、そこに協働しておこなわれる場合に生きてきます。

1-2-5 発達障害は重なり合う

発達障害は、しばしば、ひとりの子どもがいくつもの診断基準を満たし、併発します（図10-2）。たとえば自閉症スペクトラム障害の子どもの一部は知的障害[*4]やADHD、LDが併存します。また、ライフサイクルに応じて、あるいは環境の変化によって、問題の現れ方（あるいは周囲からの見方）が変化します。たとえば、幼児期にADHDや自閉症スペクトラム障害の診断があった子どもの多くが、小学校に上がると、LDの状態を表します。

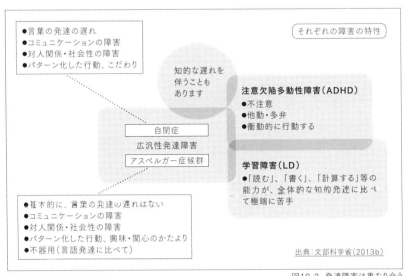

図10-2 発達障害は重なり合う

---

*4 | DSM-5においては、知的障害は発達障害に入ります。

2. 支援の基礎

2-1 支援の考え方の原理

　支援の基礎となる考え方は、障害のある人も、障害のない人と同じく、地域で生活することをめざすノーマライゼーションの理念です。これに基づき、現在では、障害があることを含め、すべての人の生活のありよう（生活機能）を、ICFモデル（国際生活機能分類）によって説明します（図10-3）。

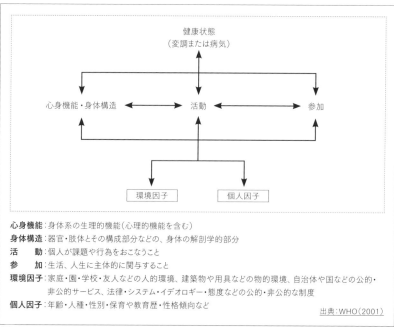

図10-3　ICF International Classification of Functioning, Disability and Health　国際生活機能分類モデル

　生活機能は、心身機能・身体構造、活動、参加の3つの次元から成り立ちます。それらに環境因子と個人因子が影響を与え合います。健康であるとは「生活機能」全体が高い水準にあること示しています。各次元が問題を抱えた状態を「機能障害（構造障害を含む）」、「活動制限」、「参加制約」といい、その総称を「障害がある」と呼びます。考え方の特徴は次の通りです。

2-1-1 生活に制約があるかどうかは、3つの次元からとらえる

　生活に制約があるかどうかは、前述の3つの次元で考えます。たとえば、ことばをうまく発することのできないダウン症の子どもには、明瞭に発音ができない構音障害などの心身機能・身体構造障害がありますが、ある年齢でのことばの能力(活動)は、教育や療育のありかたによって左右されます。また、サイン言語やアプリケーションソフトなどのさまざまな補助手段を使い、周りの人たちもそれを理解することができれば、コミュニケーションや活動の幅(参加)が広がります。

2-1-2 障害の状況は、各次元と背景因子が相互に関連しあって生じる

　障害の状況を生み出す原因は、個人のもつ病気や障害のような単一のものではなく、固定されてもいません。人と環境の相互作用として総合的・力動的にとらえられます。

　たとえば、「身体の障害があるために、歩くことができない。その結果、通常の学級には入れない」など、病気や心身の機能・構造障害によって活動能力のレベルが下がり、それによって社会参加が困難になる、と考えがちです。しかし、その反対に、参加の度合いによって、活動のレベルも変わり、機能・構造障害のレベルに影響することもあります。

　たとえばある子どもAさんは、脳性まひによる肢体不自由のため、移動には車いすを使っていました。「自力で歩くことは一生ないだろう」と医師に宣言されていたそうです。小学校に進学する際、強く希望して通常学級に入り、放課後も児童館内に設置された学童保育に通うことになりました。児童館はエレベーターもない、4階建ての古い建物です。自宅と学校・学童保育所間の送迎や、各施設内での活動や学習の介助に、周りの子どもたちを含め、いろいろな人の手を借りながら生活の幅を広げ、さまざまな活動をこなしていきました。学童保育と児童館の職員たちは、Aさんが皆とともに生き生きと楽しく過ごすことができるよう、物理的に厳しい条件の下で、できる限りでの指導や配慮をおこないました。すると、3年生時には、5、6メートル程度は自力で歩き、階段の手すりを使いながら児童館の1階から4階まで上り下りして友だちと遊べるようになり、歩行機能の改善が見られたのです。

2-1-3 3つの側面から総合的に支援する

　支援は、障害のある子どもが、標準ではないところを、標準に合わせるためにがんばって「治す」こと(これを「医学モデル」の考え方といいます)ではありません。医学的支援、心理・教育的支援、社会環境を整える支援が総合的におこなわれなければなりません。すなわち、生物(遺伝的・生物学的側面)、心理(個としての発達レベルや能力)、社会(社会環境)の3つの側面から障害の状況を評価し、支援します。これを「生物・心理・社会モデル」と呼びます。

　したがって、改善すべき問題・対象、目標とは、ことばや情緒面といった子どもの特定の能力や、特定の子どもや親子ではなく、問題をつくっている状況全体です。

2-2 特別な教育ニーズのある子どもへの支援の原則

2-2-1 障害の特性を正しく理解する

　診断名があれば、その障害特性を理解することはまず基本です。認知の特性や、一般的に見られやすい行動傾向を理解します。障害特性から生じる弱さを「個性」とし、それに対して特別な対応なく「子ども同士の自然なかかわりに任せる」「特別扱いしない」は、ノーマライゼーションとはいえません。それは「放り投げ(ダンピング)」といいます。子どもの特性に見合った「特別扱い」する実践に踏み込むことが、子どもの学ぶ権利や生活に参加する権利を守ることです。

2-2-2 診断の有無と支援の必要性の大きさは等しくない

　発達障害は、その診断方法の特徴から、障害とそうでないものとの間に明確に線が引かれるものではありません。医師による発達障害の診断は、アメリカ精神医学会の「精神疾患の診断・統計マニュアル(DSM)」、またはWHOの「国際疾病分類(ICD)」に拠っています。これは、病気の原因による病理診断ではなく、状態像によって判断する[*5]ものです(滝川、2007)。

　すなわち、個人のなかでも環境次第で状態が左右され(インクルーシブで

ある、第5章参照)、診断名のある子どもと、そこまでには至らない子ども(いわゆる、「グレーゾーン」や「気になる子ども」)との間に、何らかの生物学的な違いがあるとは今のところは言えない、ことを表しています。

また、支援によって、状態は変化します。幼児期に「典型的な中程度の自閉症」と診断された子どもが、質の高い教育を受けて、学齢期以降、良好な対人関係をもてるようになることは少なくありません。その逆に、幼児期に「自閉症の疑い」とされた子どもが、どんどん社会的な不適応が広がり、小学校低学年時には、すでに集団生活にほとんど入れない、ということも残念ながら珍しくありません。

すなわち、「発達障害」の診断名があるから支援する、のではありません。目の前に困難を抱える子どもがいるとき、その状態に応じて支援することが重要なのです。

2-2-3 障害の特性と現場での子どもの姿との間の大きな開きを埋める

発達障害の診断基準や、認知特性に関する知見は、医学や心理学の文脈からの、しかもかなり抽象化された定義や表現であり、教育の文脈にあることばとは異なります。

たとえば、自閉症スペクトラム障害の診断基準(DSM-5)のなかに、次のような記述があります(American Psychiatric Association、2013／日本精神神経学会、2014)。

A.(1)相互の対人的−情緒的関係の欠落で、例えば、対人的に異常な近づき方や通常の会話のやりとりのできないことといったものから、興味、情動、または感情を共有することの少なさ(後略)。
(中略)
(3)人間関係を発展させ、維持し、それを理解することの欠落で、例えば、さまざまな社会的状況に合った行動に調整することの困難さ(後略)。

＊5｜DSM-Ⅳにおいては、中心症状がどれだけあるかによって障害のカテゴリーに入るかどうかが判断されました。DSM-5においては、基盤にスペクトラム(連続体)を想定し、重症度をみます(森ら、2014)。

これらの表現は、教室の今この場で、学級運営やクラスの子どもたちの動きなど、たくさんの事情が交錯するなかでの、現実の子どもの行動をダイレクトに説明するものではなく、共通特徴を集約した表現です。そのため、日常の生活の場では、子どもの見かけの「当たり前さ」や発することばの巧みさなどに引きずられ、障害に発する弱さとして読み取ることが容易ではなくなります。

　たとえば、ASDのある小学1年生のAくんは、ことばは流暢で、難解なことばもよく知っており、算数の計算も得意です。しかし、自分に関係のないことでも、他児が笑っていたり、話していたりすると、しばしば突発的に手が出ます。簡単なルールを意識できず、たとえば手を洗うときも、前の子どもの背後から手を出して、平然と洗っています。注意されると「オレの自由を奪うな！」と暴言を吐きます。あるとき、気に入った女児の首にリボンをつけようとして、「やめて！」と言われたので、いきなり顔面を蹴ってしまいました。担任は「わかっているのに、わがまま」という見方をしていました。

　Aくんは、相手のことばやおこなっていることの意味を相手の立場から理解することがなかなかできず、他者への関心はあるのに相手の感情や思っていることがよくわからないため、相手の嫌がることをしてしまうのでしょう。また、場の状況全体の意味が読めないので、自分のことを悪く言われたと迫害的に受け取ります。そして、自分の感情を適切なことばで他者に返すことも苦手なのです。

　障害特性を表す文言と、現実の教室において表れる子どもの行動には大きな開きがあります。特に、ASDやADHDなど、わかりづらい障害の場合、それは顕著です。障害に関する知識や理解を土台に、実際の生活のなかで「見えない障害を見る」ように努めることが大切です。

2-2-4 「障害がある」は、今・ここにいる子どもを理解するための情報の　　　　一部分

　障害特性をきちんと理解することと同時に、「障害がある」だけで子どもの行動を解釈しないことも大切です。子どもの姿は、生物学的にもってうまれたものと、現在の子どもを取り巻いている環境と、過去から未来につながる

子どもに固有の発達の状況と絡んで、現れます（第5章参照）。しかも、診断基準や共通の症状に関する表現は、結果としての「共通項」をまとめただけであって、個々の子どもの抱える困難の「原因」を説明しているのではない、ということに注意します。

「○○障害だから、こういう行動をとる」という見方は適切ではありません。ましてや、教師にとって困った行動を「○○障害の症状」といった医学用語でとらえないようにします。

たとえば、前述のAくんは、「ASDだから、状況全体の意味が読めず他者の発言が理解できない」のではなく、「状況全体の意味が読めず他者の発言が理解できないのは、ASDの障害特性に当てはまる」のです。そのように見れば、Aくんの行動に影響を与えている要因（たとえば、相手の子どもとの普段からの関係、その前にあったエピソード、それはいつの時間に起こったのかなど）を見立てることができ、具体的な手立てにつながります。

2-2-5 安定した集団、安心できる学級のなかで特別な支援が成り立つ

特別な教育ニーズの子どもに対する支援は、日常の教育や生活のなかでおこなわれることがまず基本です。そのためには、学級や集団が安定して、どんな子どもにとっても、「授業がわかって楽しい」「自分が認められていると感じられる」「活動に主体的に参加できる」場であることが土台になります（一次的援助、第1章、第9章などを参照）。

また、特別な教育ニーズのある子どもへの教育は、誰にとっても魅力的なユニバーサルな教育である、といわれます。どんな子どもにとってもわかりやすい教室環境の工夫や、わかりやすい授業にするための改善[6]などに取り組んでいくことが求められます。

そして、支援ニーズのある子どもに対する支援の力を周囲の子どもたちから引き出し、育てることも大切です。そこには、まず、教師の、障害に対する知識や理解度、人権意識の深さ、障害のある子どもに対する姿勢・態度が大きく

---

*6 | 具体的な実践例については、国立特別支援教育総合研究所のウェブサイト（http://www.nise.go.jp/cms/）、東京都日野市公立小中学校全教師ら（2010）などが参考になります。

影響します。そして、学級に、考え方や気持ちの違いなどの自分の意見が言えて、違う存在が許され、価値観が柔軟に変わりやすい雰囲気があることも大切です。また、リーダー(教師)に、結果や到達目標ではなく、努力のプロセスを見てもらえていると子どもが感じられるような態度があることが望まれます。そのうえに、西本(2016)によれば、次のような指導をおこないます。

①活動や場をともにすることを経験し、教師の支えや配慮のもとで、相互のコミュニケーションを重ねていきます。

②周囲の子どもたちの疑問やさまざまな気持ちを受けとめ、共感的に寄り添い、障害のある子どもの行動や発言の意味を考えさせ、理解を助けます。それは、マイナスの面に対し、子どもたちが異なる価値を見出し、価値観を新たに広げることです。

③障害のある子どもの得意なことを見出してそれを活かしたり、良さや長所を伸ばしたりして、集団のなかで積極的に何らかの役割を与えます。プラスの面をつくりそこに注目させることで、子どもたちは新しい価値観を学習します。

3. ワーク10の答え

[ワーク10-1の考え方]

　ASDであるということは、子どもを理解するための生物学的な情報のひとつに過ぎません。それも含め、現在の子どもの周りにある環境や、子ども自身の現在の発達の状況もみて、総合的に理解することが重要です。また、発達障害の特性は、行動の原因ではなく、一定の条件が重なったときに起こりやすい結果や現象であることに留意します。

　ヒロシくんのパニックを、「自閉症だから、同一性が崩されるとパニックになる」と理解するのは、適切ではありません。ヒロシくんは、「いつもいる人が校門にいない光景を見て、大きな不安を抱いた。その結果、パニックに陥った」のです。その背景には、学校生活全般への不安があると推測されます。学級のなかで、安心できる生活への配慮や手立てがどの程度とられているか、担任との間の信頼関係が築かれているか、遊んだりおしゃべりをしたりできる友だちがいるか、などを検討します。

　また、前日のエピソード（授業中のマイナスの出来事や友だちとのトラブルなど）の影響や、校長や担任以外の教職員との普段のかかわりなども関連しているのかもしれません。そのような、子どもの周りにある状況を総合的に検討して、学校をより安心できる場にし、いつものパターンが少々異なっても対処できる力を育てていくことが根本的な対策となります。

　同一性へのこだわりに対して、「できるだけ急な変更はしないようにするか、事前に説明しておく」といった対症療法的な対応は、必要ですが十分ではありません。「こだわり」にこだわらないで済むような支援をめざします。また、パニックは、それが、ただあってはならないもの・クールダウンさせて落ち着かせればよい、というものではありません。このような「問題行動」は、発達障害につきものの固定的な特性としてひとつに括って対処するのではなく、子どもの側から見て、個々の理由を探り、子どもの支援に活かしたいものです。

［引用・参考文献］

American Psychiatric Association (Corporate Author) (2013). *Diagnostic and Statistical Manual of Mental Disorders: DSM-5.* American Psychiatric Pub. (日本精神神経学会 (監修) (2014).『DSM-5 精神疾患の診断・統計マニュアル』医学書院)

文部科学省 (2002).「通常の学級に在籍する特別な教育的支援を必要とする児童生徒の全国実態調査」(http://www.mext.go.jp/b_menu/shingi/chousa/shotou/018/toushin/030301i.htm)

文部科学省 (2012).「通常の学級に在籍する発達障害の可能性のある特別な教育的支援を必要とする児童生徒に関する調査結果について」(http://www.mext.go.jp/a_menu/shotou/tokubetu/material/__icsFiles/afieldfile/2012/12/10/1328729_01.pdf)

文部科学省 (2013a).「特別支援教育の対象の概念図 (義務教育段階)」(http://www.mext.go.jp/a_menu/shotou/tokubetu/002/__icsFiles/afieldfile/2014/06/27/1329076_01.pdf)

文部科学省 (2013b).「政府広報オンライン　発達障害って何だろう」(http://www.gov-online.go.jp/featured/201104/contents/rikai.html)

森 則夫・杉山登志郎・岩田泰秀 (2014).『臨床家のためのDSM-5虎の巻』日本評論社

西本絹子 (2016).「インクルーシブな子ども集団を育てる支援とは何か—学童保育における特別支援児童に対する実践の分析」『明星大学大学院教育学研究科年報』1　17-26

障害者福祉研究会 (編) (2002).『ICF 国際生活機能分類—国際障害分類改訂版』中央法規出版

杉山登志郎 (2009a).『そだちの臨床』日本評論社

杉山登志郎 (2009b).『講座子どもの心療科』講談社

滝川一廣 (2007).「発達障害再考—診断と脳障害論をめぐって」『そだちの科学』8　9-16

東京都日野市公立小中学校全教師・東京都日野市教育委員会・小貫 悟 (編著) (2010).『通常学級での特別支援教育のスタンダード—自己チェックとユニバーサルデザイン環境の作り方』東京書籍

WHO (2001).「International Classification of Functioning, Disability and Health」

第**11**章

特別な支援を要する子どもへの対応 2
—— 支援の実際の基礎

　特別な支援を要する子どもを教室で支援するに際して、それぞれの障害に即しながら、基礎的なポイントを学びます。

ワーク11

ユウキくんばかり見ていられません

　小学2年生になったユウキくんは、保護者の話によれば、乳児期から非常に育てにくい子どもだったといいます。多動で集団に入れず、幼稚園では毎日のように叱られどおしで、保護者は「こんな子は見たことがない」「しつけが悪い」「普通ではない」と言われ続け、心労の重なった母親は「うつ」になりました。

　5歳時に自閉症スペクトラム障害と診断され、公的な専門機関に通い続けています。ADHDの傾向も強くあり、小学校では授業中落ち着いて座っていることができず、しばしば何かに憑かれたかのように動き回り、飛んだり跳ねたりしています。一生懸命がんばって授業に取り組んでいても、できないことがあると、見る見るうちに表情が変わり、感情を爆発させます。集団のルールも、なかなか守れません。担任の指示で、校内のスクールカウンセラーのもとにも通っています。しかし、療育やカウンセリングを通しての具体的な助言は家庭にも小学校に対しても「まったくない」とのことでした。

　保護者は、ユウキくんの発達に関する情報をすべて学校に伝えていました。しかし、1年生のときの担任はある程度は理解してくれていたものの、「成績は悪くないし、クラスに35人の子どもがいるので、個々に対応できません」と言い、実際、具体的な手立てはほとんどとられていませんでした。それにもかかわらず、学校からの連絡帳にはマイナスの出来事を逐一記述してあり、毎日それが続くので、母親は読むことができず、まず父親が目を通すことになっていました。

　2年生になって、担任が替わりました。

> [ワーク11-1]
> 新しい担任として、ユウキくんと保護者に対してどのように対応したらよいでしょうか。

1. 学校における支援

1-1 支援の体制

　発達に困難を抱える子どもに対しては、担任ひとりではなく、学校内外の連携によって支援にあたることが前提です(図11-1)。

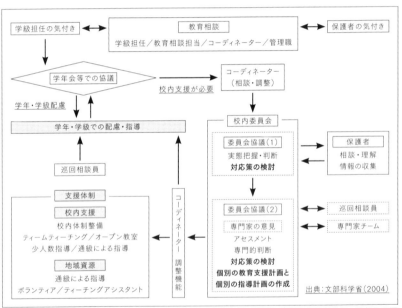

図11-1　学校内外の連携—支援に至るまでの一般的な手順

　そして、特別支援教育コーディネーター[*1]が中心となって、外部の専門機関や保護者、地域の特別支援学校の教師や通級指導教室教師などと連携を取ります。その連携のもとで、担任・生徒指導や教育相談担当の教師・養護教諭

などの校内委員会のメンバーが協力し、子どもの情報を整理しながら、「個別
の教育支援計画」[*2]および「個別の指導計画」[*3]を作成し、指導にあたります。

1-2 インクルーシブ教育の推進

　2014年1月、わが国は、国連の「障害者の権利に関する条約」を、その署名
から6年以上を経てようやく批准しました。共生社会の実現に向けた取り組み
が、本格的に推進されることになりました。

　文部科学省(2012)は、「共生社会の形成に向けたインクルーシブ教育シス
テム構築のための特別支援教育の推進(報告)」を示しました。インクルーシブ
教育においては、障害の種類や程度で学校や教室を限定せず、どんな子ども
も、できる限り同じ場でともに学ぶことをめざします。そのために、通常の学級・
通級における指導・特別支援学級・特別支援学校を、連続性のある多様な学び
の場とし、その時点での教育的ニーズに的確に応える教育を実現しようとします。

　現在、特別支援教育を発展させ、インクルーシブ教育を構築するために、
システムの検討と、障害のある子どもに対する支援(合理的配慮[*4]と基礎的環境
整備[*5])に向け、さまざまな施策や試行的な取り組みが始まっています。

＊1｜学校組織のなかで特別支援教育を中心的に進める公務として置かれ、内外の連携・協力の体制整備を
図ります。
＊2｜乳幼児から生涯にわたって支援する視点から、教育だけではなく医療・福祉・就労などのさまざまな関係
機関と保護者が、児童生徒にかかわる情報を共有化し、密接な連携協力のもとで、教育的支援の目標や内容、関係
者の役割分担などについて計画を策定するもの。
＊3｜児童生徒一人ひとりの障害の状態などに応じたきめ細かな指導がおこなえるよう、学校における教育課程
や指導計画、当該児童生徒の個別の教育支援計画をふまえて、より具体的に教科や領域ごとに、児童生徒一人
ひとりの教育的ニーズに対応して、具体的な指導目標や指導内容・方法を盛り込んだもの。作成の詳細について
は、国立教育政策研究所の資料(2006)が参考になります。
＊4｜障害のある子どもが、ほかの子どもと平等に「教育を受ける権利」を享有・行使することを確保するために、
学校の設置者および学校が必要かつ適当な変更・調整をおこなうことであり、障害のある子どもに対し、その状況
に応じて、学校教育を受ける場合に個別に必要とされるものであり、学校の設置者および学校に対して、体制面、
財政面において、均衡を失したまたは過度の負担を課さないもの、とされています(文部科学省、同)。子どもの
その時点での教育ニーズに的確に対応するための、学習内容の変更や調整、教材の配慮、学習機会や体験の
確保、心理・健康面の配慮、専門性のある指導体制の整備など。環境のバリアフリー化やユニバーサルデザイン
の視点を取り入れた授業や教室の改善なども含まれます。配慮の実践例については、国立特別支援教育総合
研究所(2014)や、同研究所による「インクルーシブ教育システム構築支援データベース」などを参照してください。
＊5｜国は全国規模で、都道府県は各都道府県内で、市町村は各市町村内でおこなわれる、合理的配慮の基礎
となる環境整備のことです。

2. それぞれの発達障害の特徴と支援のポイント

2-1 自閉症スペクトラム障害（Autism Spectrum Disorder、ASD）

　自閉症スペクトラム障害（以下、ASDと略／図11-2）は、DSM-IVにおける広汎性発達障害（自閉性障害、小児期崩壊性障害、アスペルガー障害、特定不能の広汎性発達障害）にほぼ該当します[*6]。

　自閉症スペクトラムとは、1980年代にウィングによって初めて提唱され、広汎性発達障害の下位カテゴリーにあるものをすべて連続するものととらえる概念です（ウィング、1998）。現在では、対象の範囲はさらに広がり、重度のものから健常の人にまで連続して存在する、と考えられています。

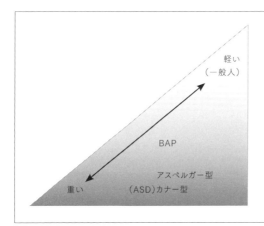

図11-2　自閉症スペクトラム

2-1-1 ASDの特性
①社会性・他者とのコミュニケーションの発達の困難

　他者の感情や欲求や考えていることを理解することが難しく、自分で自分の感情に気づき、適切に他者に伝えることも苦手です。この背景には、「心の理論」（第5章参照）の獲得の困難があります。場の雰囲気や集団のなかでの暗黙の

＊6｜レット障害は、原因となる遺伝子が特定されたので除外されました。

了解を読み取ること、自分の言動が他者にどのように受け取られているかを理解することも苦手です。結果として、他者と一緒に活動したり遊んだりすることがスムーズにできません。養育者とのアタッチメントの成立も遅れます。

　ことばやことば以外で他者とのコミュニケーションを図ることも苦手です。視線が合わない、表情の変化に乏しいなどの特徴があります。乳幼児期においては、通常9か月頃から見られる、共同注意*7の発達に困難があります。その結果、指さし行動*8などに表される三項関係*9の発達が遅れます。ごっこ遊びのような、「見立てる」「ふりをする」ことで他者と交流することがなかなかできません。

　ことばが出現しても、会話になりづらく、同じことばを繰り返し使ったりします。難しいことばをたくさん知っているようにみえるのに、他者とのやりとりには使えず、行動と結びつかないこともしばしばあります。また、場面と結びついたステレオタイプ的なもので、「概念」になかなかなりません。比喩や冗談などの字義上にはない意味や、あいまいな表現に込められた意味がなかなか理解できません。

②行動の反復・限定的な興味関心・同一性へのこだわり

　幼児期には、コマのようにくるくる回る、ぴょんぴょん飛ぶ、手を目の上でひらひらさせるなどの自己刺激的な行動を繰り返しおこなっていることがあります。

　特定の道具・電気製品・おもちゃのパーツの、その数や形の違いや色など、通常では思いもよらない、狭い対象に注目して持続的に興味や関心をもちます。たとえば、マンホールを見つけるとその図柄をじっと見て確認しないと気が済まない、自宅の換気扇の羽の数を聞いて回る、おもちゃの線路の先端の特定の形のものだけを集める、など。ここには、細部に過度な注意を払ってし

＊7｜共同注意(joint attention)：対象に対する注意を他者と共有すること。例：絵本を親に読んでもらって一緒に見る。

＊8｜指さし行動のうち、特に、自分の見た対象物を指さして、他者がそれを見ているかどうか振り返って確認しながら(共同注意)、自分の気持ちを他者に伝える「叙述の指さし」と呼ばれる行動はあまり見られません。例：戸外で猫を見つけて、猫を指さしながら母親を振り返って「ほら、ニャンニャンがいたよ！」という意味と、わくわくする気持ちを伝えようとする。

＊9｜自己と他者との間に何らかの対象を介在させて相互関係を結ぶこと。例：子どもが持っているおもちゃに「ちょうだい」と手を差し出すと、子どもがそれに応じておもちゃを相手にあげる。

第11章　特別な支援を要する子どもへの対応2──支援の実際の基礎　　153

まう、中枢性統合[*10]の弱さの問題があります。また、目の前のひとつの対象に過剰にとらわれるため、新しいものに注意を変えたり、複数の対象を同時に見てものごとを処理したり、視点を別の方向へ適切にシフトさせることがスムーズにできない、実行機能[*11]の問題もあります。

　数字や記号のような、規則正しく、意味が曖昧ではなく単一で、変わらないものを好みます。たとえば、クレジットカードや銀行カードのロゴ、本のISBNや天気図の記号などをよく知っていて、見たり描いたりして楽しみます。

　字が読めるようになると、しばしば、特定の分野(たとえば鉄道、古代の生物、○○協会の歴史など)に関して、マニアックでカタログ的な知識をもちます。

　ブロックや積み木や人形をいつも同じように周りに並べて安心するなど、環境が同一であることにこだわります。生活の手順・順序・方法などへのこだわりもあり、同一でなければ不安になります。たとえば、大泣きしながら外に飛び出そうとしているのに、玄関では必ず上靴をきちんと揃えていつもの場所にしまう、いつもの道が通れないとパニックになるなど。

　これらの特性の背後には、入ってくる刺激を適切に取捨選択して処理することができないという知覚の問題があります。ASDのある子どもは、たくさんの情報や不快な刺激がなだれ込む、よくわからない混沌とした世界のなかに生きているといわれます(たとえば、ニキら、2004)。そのなかで、自分で自分に刺激を与えて、周りの不快な刺激をシャットダウンしようとします。そして、混沌や不安のなかで、自分のよくわかるものに頼ろうとするのが、こだわりや同一性への要求として表れます。

③感覚の過敏性と鈍感性

　視覚・聴覚・触覚・嗅覚・味覚などの感覚の過敏性や鈍感性があります。たとえば、次のような行動として表れます。

＊10｜全体を統合して理解すること。ASDのある人は、「木を見て森を見ず」というように、細部については注意を集中し正確にとらえることができるが、過剰に注意をしてしまい、全体の文脈のなかで情報の意味を理解することが難しいとされます。

＊11｜後述のADHDにおける説明を参照。ASDのある人は、目の前の刺激や情報に強くとらわれ、何をどのような順序でおこなうかをプランして行動することが難しいとされます。

- 文字の書き順には従わず(無頓着)、絵(デザイン)のように書いていく。
- 壁のポスターや張り紙などのちょっとした歪みやちぎれなどにこだわる。
- 合唱の練習の最中にパニックを起こす。
- 「体育館には行かない」と、マイ・ルールを押し通し、体育の授業に参加しない。
- いつも同じ服を着ていたり、夏でも長袖を着ていたりして、身だしなみを気にしない。
- 他人が近づくとかんしゃくを起こす。
- 「晴れた日は外に出ない」と、学校でマイ・ルールを押し通す。
- 髪のブラッシングや散髪は大嫌い。帽子もかぶらない。
- A社のパンのみ、それも、3種類のぶどうパンのなかで、特定のぶどうパンしか食べない。

　これらの行動を「わがまま」と安易にとらえず、子どもによる得意・不得意な感覚の違いを理解します。環境調整をおこない、他者との信頼関係を広げていくなかで、発達に伴い、過敏さやそれによる行動は少しずつ変わります。

2-1-2 対応のポイント

対応のポイントは次のとおりです。

①認知や感覚の特徴を理解し、肯定的に対応するように努める

　ASDの共通特性と、一人ひとりの子どもに固有の特徴を理解します。発達検査や知能検査の数値やプロフィールが似ていたとしても、抱える困難は子どもの数だけバリエーションがあります。

　教師の無理解によって、過剰な失敗体験や被叱責体験を重ねることは、不登校や、後年のフラッシュバック[*12]やうつ、他者への攻撃性が生じるなど、二次障害につながります。

②情報が整理された、わかりやすい環境になるように調整する(視覚的構造化[*13])

　学校の空間の使い方をできるだけわかりやすく構造化します。スケジュール

---

*12 ｜ 過去に受けたいじめや過度の叱責などの迫害体験が、突然タイムスリップして記憶によみがえること。
*13 ｜ 視覚的構造化に関しては、佐々木ら(2004、2006)などを参照してください。

第11章　特別な支援を要する子どもへの対応2——支援の実際の基礎　　155

や活動の流れを一見してわかるようにし、時間を構造化します。活動のルールや、方法、何をどれだけするのか、いつまでやるのか、どうなったら終わりになるのか、終わったら次はどうすれば良いか、などの手順が目で見てわかるようにします。

③社会性の発達を支援する

大人との信頼関係をつくり、友だちとのかかわりかたを一つひとつ具体的にサポートします。特有のことばの使い方を理解し周囲とつなぎ、適切なコミュニケーションの仕方を指導します。狭い興味やこだわりの行動は、なくすというよりも、それを活かすことのできる活動を工夫したり、その種類を増やしたり、ずらしたり、広げたりするようにします。療育機関や通級指導教室などにおいてソーシャル・スキル・トレーニングなどをおこなう場合は、日常の学級・学校でそれが活かされるように支援者の間で連携することが重要です。

2-2 注意欠如／多動性障害
（Attention Deficit Hyperactivity Disorder、ADHD）

2-2-1 ADHDの特性
①行動の特徴

ADHDは、不注意・多動性・衝動性を特徴とする、行動のコントロールの障害です。不注意が優勢なタイプ、多動衝動性が優勢なタイプ、その2つが混在するタイプがあります。乳幼児期から、非常によく動き回る、睡眠時間が少ないなどの特徴が見られ、家庭や園・学校などの複数の場面で不適応が生じます。不注意のために、「きちんと、ちゃんと、がんばって」と言われても、それはわかっているけれど、できません。多動・衝動性が強いために、わかっていても行動を止めることができず、気づいたときにはすでに行動してしまっている子どもです。ADHDの子どもには自閉症スペクトラムが併存する場合があり、また、学齢期に入ると、しばしばLDの状態が認められます。

具体的には次のような行動が見られます（文部科学省、2004、一部略）。

不注意

・学校での勉強で、細かいところまで注意を払わなかったり、不注意な間違いをしたりする。

・面と向かって話しかけられているのに、聞いていないようにみえる。

・指示に従えず、また仕事を最後までやり遂げない。

・学習などの課題や活動を順序立てておこなうことが難しい。

・学習などの課題や活動に必要な物をなくしてしまう。

多動性

・手足をそわそわ動かしたり、着席してもじもじしたりする。

・授業中や座っているべき時に席を離れてしまう。

・きちんとしていなければならない時に過度に走り回ったりよじ登ったりする。

・じっとしていない。または何かに駆り立てられるように活動する。

・過度にしゃべる。

衝動性

・質問が終わらないうちに出し抜けに答えてしまう。

・順番を待つのが難しい。

・ほかの人がしていることをさえぎったり、じゃましたりする。

②認知の特性

　ADHDの原因は明確になっていませんが、脳の実行機能、遅延報酬系、時間処理という3つの機能の障害であるとする説があります(根来、2014、田中、2018など)。実行機能とは、複雑な課題をおこなう際にはたらく、思考・行動を制御するシステムです。目標に到達するためにプランを立て、ワーキング・メモリをはたらかせて行動し、不要な行動は抑え、間違っていないか自分で自分をモニターし、新しい情報を取り入れながら適切に行動を進めていく能力です。これがうまくはたらかないと、すべきことを最後までやりきれない、その場しのぎで作業してしまう、一度に複数の作業ができない、などという事態になり

ます。遅延報酬系とは、望ましい報酬や結果を得るために「待つ」ことを支えるシステムです。このシステムに問題があると、待てずに衝動的に代替行動を起こしたり、ほかの事柄に注意を逸らして「待つ」感覚を紛らわそうとしたりします。時間処理とは、段取りをつけたり結果を予測するといった時間を把握する力です。これがうまく機能しないと、すべきことをずるずると先延ばしにしたり、時間を守れない、といった事態が起こります。ただし、根來(同)によれば、ひとりのADHDの人に、この3つの機能障害が必ずしも同時に存在するわけではなく、1つまたは2つの障害しかないケースも多いとされます。

　また、メチルフェニデートやアトモキセチン[14]などの薬物は、神経伝達物質のドーパミンやノルアドレナリンが神経細胞に適切に取り込まれるようにはたらき、注意力や多動・衝動性の改善をもたらすと考えられています。

2-2-2 対応のポイント
　対応のポイントは次のとおりです。

①指導方法を工夫する

　子ども一人ひとりの認知の特徴に合わせ、指導方法を工夫します。

　課題を分けて与え作業の見通しを立てやすくする。カードや印などの視覚的な手段を使用する。時間を区切る。一度に複数のことを指示しない(一指示・一事項)。(話しことばだけではなく、課題の表記も含め)簡潔に指示する。掲示物の量を調整し不要な物を置かないなど、刺激の量を調整する。黒板からの距離や方向、支えてくれる他児の席の場所などを見計らって座席の位置を調整する。「○○してはいけない」ではなくするべきことをスモールステップで指示する、など。

②自己評価・自尊感情・自己有能感を高めるようにする

　指導方法の工夫によって、「やればできる」という自信をもたせます。得意なことを見出し、それを伸ばします。やりたいことがたくさんあることで、その目標

---

*14 ｜ メチルフェニデートの商品名はコンサータ、アトモキセチンの商品名はストラテラです。

に向かって待ったり我慢したりなどの自己コントロールの力も育ちます。そして「できる姿」を他児からも認められるようにします。ポジティブな感情を経験することが、自己コントロールの力の発達につながります。多少のマイナスには目をつぶり、良いところ、できること、プラスのことを「つくっていく」という発想の転換が大切です。

③感情のコントロールや意欲を支える

　がんばっていることを励まし、気持ちを支えるようにします。できないことを注意する前に、できていることを褒めます。ただし、大切なことは、「褒める」行為を、子どもの行動コントロールのテクニックとして使わないことです。困難をともに乗り越える存在として、子どもへの共感に基づく応援や励ましのエールを送ります。不適切な行動を起こした場合は、「どうしたら良かったか」を一緒に考えます。

④薬物が処方されている場合、薬物は学習の基盤を整えるためにあると理解する

　薬物の効果で、服用している時間は不注意や多動性が収まる場合があります。しかし、「だから飲んでいる間は支援が不要」ではなく、その間にこそ適切な行動を学習する機会となる、支援が効果的にはたらきやすくなる、と理解します。

2-3 学習障害（Learning Disabilities、またはLearning Disorders、LD）

2-3-1 LDの特性

　医学的な定義による学習障害[15]（Learning Disorders、以下LD）は、医学的な診断名です。読字障害・書字障害・算数障害があります。学校教育場面で使う教育用語としてのLD（Learning Disabilities）は、文部科学省（1999）の定義によれば、「基本的には全般的な知的発達には遅れがないが、聞く、話す、読む、書く、計算する又は推論する能力のうち特定のものの習得と活用に著しい困難を示す様々な状態を指すものである。学習障害は、その原因として、中枢神経系に何らかの機能障害があると推定されるが、視覚障害、聴覚障害、知的障害、情緒障害などの障害や、環境的な要因が直接の原因となるものではない」とされます。すなわち、学校生活に必要な諸技能のうちのどれかに、知的能力に比べ、かけ離れて低い（乖離している）レベルの困難があり、そのために学習につまずいている状態を表す教育的な概念です。同時に、運動面の不器用さやADHDと同様の社会性の困難も、しばしば抱えます。

　医学上の学習障害のうち、読字障害とは、知能・感覚・運動面などの障害がなく、教育の機会も十分に保障されているにもかかわらず、文字や文章を読むことに著しい困難を示すものです。読みの困難は書字の困難にもつながり、ディスレクシア（Dyslexia、厳密には発達性[16]ディスレクシア、発達性読み書き障害）とも呼ばれます。読み書きの困難は学習障害のなかで8割程度を占めるといわれますが、出現率は言語によって異なります。日本語の場合、Uno（宇野）ら（2009）によれば、読字障害ではひらがなで0.2％、カタカナで1.4％、漢字で6.9％、書字障害ではひらがな1.6％、カタカナ3.8％、漢字6.1％でした。

　読み書きができるようになるためには、まず、音韻意識の発達が必要です。音韻意識とは、話しことばを構成する音の単位と順序に気づき、それらの音を

＊15｜DSM-5に記載されているLDの日本語翻訳名は「限局性学習症／限局性学習障害」ですが、本章では教育場面に広く普及している「学習障害」を使用しています。
＊16｜発達性とは、生まれながらの神経学的な原因（脳機能の問題）によって引き起こされているという意味。一方、けがや病気によっていったん獲得した読み書きの能力を失ってしまう場合を「獲得性（または後天性）ディスレクシア」と呼びます。

一つひとつ分解して操作する能力のことです。音韻意識は通常幼児期後期から就学前頃に育ち、子どもたちがしりとりや逆さことば遊びなどで楽しむ力として発揮されます。そして、文字と音の対応を学習し、文字を音にスムーズに変換する(デコーディング)力が必要です。さらに、文字の形や位置、単語のまとまりを正しくとらえる視覚認知の力なども重要です。

　それらの力に困難や偏りがある場合、ひらがながなかなか覚えられない、特にひらがなの特殊音節(拗音・促音・撥音・長音など)[*17]が読めない・書けない、単語をまとまりとして読めず一文字ずつ読んだり(逐字読み)書いたりする、「ね」と「ぬ」、「ツ」と「シ」などの形の類似した文字の読み書きが苦手、鏡文字になる、前後の文脈から類推して読む、行を飛ばして読む、ひらがなはかろうじて読めても漢字の読み書きができない、などの状態が現れます。その結果、読解ができない、文章が書けない、語彙や知識が広がらない、などの二次的な問題につながります。そして、その困難は教科学習全体に広がり、さらに英語の学習にも支障をきたし、心理的にも無力感や自己評価の低下を招くことになりかねません。

　算数障害とは、熊谷(2016)によれば、数処理、数概念、計算、数的推論の4つの側面のいずれかに困難のある障害です。数処理とは、数字の読み書きや具体物を数えること、数概念とは、数が順序(序数性)や大きさ(基数性)を表すことを理解すること、計算とは、暗算で和・差が20までの足し算・引き算や九九の範囲での掛け算や割り算ができること、数的推論とは、文章題の内容を視覚的にイメージし式を立てることです。算数障害には、読み書き障害に伴うものと、単独で見られる場合とがあります。

2-3-2 対応のポイント

①子どもが支援を要する状態にあることに、できるだけ早く気づく

　LDのある子どもは、得意なことやできることがあったり、授業中は静かに着席していたり、集団行動に外れることがなかったりすると、教師に全く気づかれ

---

*17｜拗音とは、「きゃ・きゅ・きょ」など、小さい「や・ゆ・よ」がつく音。促音とは小さい「つ」で書かれるつまる音。撥音とは「ん」で書かれるような、はねる音。長音とは「おかあさん」の「あ」のような長く引き伸ばした音。

ていないケースが少なくありません。あるいは、「国語が苦手な子ども」「算数が苦手な子ども」というように、個人差としての得意・不得意の範疇にあるものとしてとらえられ、認知能力のうえで特別な困難を抱えて困り果てている、とは思われない場合が多いようです。読み書きや算数などにおいて、2-3-1に記述した様子が少しでも見られた場合は、困難がそれ以上に増大する前に、子どもの状態を把握し、必要な支援をおこなうことができるよう動き始めます。「まだ低学年だから」「やる気の問題ではないか」「ほかにもっとできない子もいる」などとして放置しないようにします。

②子ども一人ひとりのつまずきや認知の特性を、細かくかつ正確に把握する

　子どもに支援を要する状態があると判断されたり、その疑いのある場合、すみやかに内外の連携を図り、子ども一人ひとりのつまずきの状態や認知の偏りや特徴を細かくかつ正確に把握し、それを関係者が共有します。学校内では、各教科における授業中の様子、ノートの取り方やその内容、作文や観察記録、テストの出来具合などのインフォーマル・アセスメント(p.85の脚注参照)によって状況を把握します。学校でできる簡便なスクリーニング検査[18]もあります。そして、保護者と連携し、専門機関に相談します。

③認知の特性に応じた指導内容・方法を工夫[19]する

　困難のある能力を補うための教材や道具を用いる、特にICT機器の活用、スモールステップによる指導、ティームティーチングの活用や、個別指導を取り入れる、などがあります。

④社会性・情緒的な側面の発達に配慮する

　ADHDが併存する場合はもちろんのこと、そうでない場合も、自尊感情・自己有能感を低めないこと、友だち関係や集団内での適応を支援することが重要です。

＊18｜LD判断のための調査票(LDI-R)、LD児(学習障害)・ADHD児診断のためのスクリーニング・テスト(PRS)など。ディスレクシアについては、「改訂版 標準 読み書きスクリーニング検査(STRAW-R)」があります。
＊19｜LD全般に対する具体的な指導方法に関しては上野(2008)、ディスレクシアについては小池(2016)、加藤(2016)、平岩(2018)などが参考になります。

2-4 二次障害を防ぐ

　発達障害への理解と支援において重要なことは、情緒的なもつれや不適応を増大させないことです。幼児期から、他者からの叱責やマイナスの評価ばかりを受け続けると、小学校の低学年頃には、自分に対する低い自己評価がつくられ始めます。そして対人関係を迫害的に受け取り、何ということもない他者のことばにすぐかっとなって攻撃的になるなど、情緒のコントロールがさらに困難になり、不適切な行動や無力感が増す、という悪循環を生みます(図11-3参照)。

見かけでは障害がわからない・奇異なこだわり・奇妙なことば使い・友だちと仲良く遊べない・集団に入れない・情緒的に混乱しやすい・限られた遊びしかしない・だらしない・落ち着きがない・他児のじゃまをする・切り替えが苦手・忘れ物が多い、など

いつもしかられる・注意される・わがままと言われる・バカにされる・いじめられる・園や学校から指摘された親が、家でもしかる

自己評価や自尊感情の低下・意欲の喪失・親子関係のもつれ→さらに行動と心のコントロール困難・学齢期以降のフラッシュバック→うつ

図11-3　問題行動の肥大化

　小学校3年生や4年生を越して、「ボクはバカだ」「どうせ叱られる」「ガマンすることはしすぎた」「僕は無用の人物だ」などということばを発しながら、自傷や他傷行動をしている子どもをつくってしまうのは、大人の責任です。齊藤(2000)は、たとえばADHDの子どもに情緒障害が進むと、非常に反抗的な状態から、非行や犯罪につながる反社会性の人格に変容[20]したり、うつ状態が進行したりする場合が少なくないことを指摘しています。

　これを防ぐためには、自尊感情を低めないこと、単に受容するのではなく、本人が自信をもち周りからも認められる力や活動を大人がつくっていくこと、マイナスの行動ばかりに目を奪われず、プラスの面に注目してそれを伸ばすことが大切です。

＊20｜反抗挑戦性障害から素行障害へ、さらに破壊的行動障害(Disruptive Behavior Disorders)への行進(DBDマーチ)と呼ばれます。

3. ワーク11の答え

[ワーク11-1の考え方]

　成績の良し悪しと、支援の必要性の度合いは異なります。担任ひとりでは手が回らないからこそ、特別支援教育コーディネーターと相談し、学内で情報を収集し、協議・検討します。保護者からも情報は提供されているので、それも併せてアセスメントをおこないます（第6章参照）。必要に応じて、地域の特別支援学校の教師や外部の専門家による巡回相談などを要請し、アセスメントを練って、学内での対応策を検討し、個別の指導計画を作成し、実践に取り組みます。現在通っている専門機関やスクールカウンセラーとの連携をおこないます。

　保護者に対しても支援が必要です。幼児期には、教育する側が障害に無理解で、保護者に対して一方的に責任が転嫁されています。小学校では、具体的な支援がなされないまま、スクールカウンセラーに丸投げともいえる状態で、かつ、保護者の苦労に対し配慮に欠けた対応がなされています。一生にわたって、困難を抱える子どもに伴走し、育てていかなければならない保護者に対して、それを心理的にもサポートしていくことが重要です（第12章参照）。

［引用・参考文献］

平岩幹男(2018).『ディスレクシア 発達性読み書き障害トレーニングハンドブック』合同出版

加藤醇子(2016).『ディスレクシア入門—「読み書きのLD」の子どもたちを支援する』日本評論社

熊谷恵子(2016).「算数障害とは」『こころの科学』187　46-52

小池敏英(監修)(2016).『LDの子の読み書き支援がわかる本』講談社

国立教育政策研究所(2006).「小中学校に在籍する特別な配慮を必要とする児童生徒の指導に関する研究—LD、ADHD等の指導法を中心に 第5章 小・中学校における個別の指導計画」(https://www.nise.go.jp/kenshuka/josa/kankobutsu/pub_c/c-57/c-57_05.pdf)

国立特別支援教育総合研究所(2014).『共に学び合うインクルーシブ教育システム構築に向けた児童生徒への配慮・指導事例』ジアース教育新社

国立特別支援教育総合研究所「インクルーシブ教育システム構築支援データベース」(http://inclusive.nise.go.jp/)

文部科学省(2004).「小・中学校におけるLD(学習障害)、ADHD(注意欠陥／多動性障害)、高機能自閉症の児童生徒への教育支援体制の整備のためのガイドライン(試案)」(http://www.nise.go.jp/blog/2000/05/b2_h160100_01.html#3)

文部科学省(2012).「共生社会の形成に向けたインクルーシブ教育システム構築のための特別支援教育の推進(報告)」(http://www.mext.go.jp/b_menu/shingi/chukyo/chukyo3/044/houkoku/1321667.htm)

文部省(1999).「学習障害児に対する指導について(報告)」(http://www.mext.go.jp/a_menu/shotou/tokubetu/material/002.htm)

森 則夫・杉山登志郎・岩田泰秀(2014).『臨床家のためのDSM-5虎の巻』日本評論社

根來秀樹(2014).「薬物療法」『精神科治療学』29増刊号　332-336

ニキ・リンコ、藤家寛子(2004).『自閉っ子、こういう風にできてます!』花風社

西本絹子(2008).『学級と学童保育で行う特別支援教育—発達障害をもつ小学生を支援する』金子書房

齊藤万比古(2000).「注意欠陥／多動性障害(ADHD)とその併存障害」『小児の精神と神経』40(4)　243-254

佐々木正美・宮原一郎(2004).『自閉症児のための絵で見る構造化—TEACCHビジュアル図鑑』学習研究社

佐々木正美・宮原一郎(2006).『自閉症児のための絵で見る構造化〈パート2〉—TEACCHビジュアル図鑑』学習研究社

鷲見 聡(2013).「疫学研究からみた自閉症」『そだちの科学』21　21-27

田中康夫(2018).「「ADHD—脳とこころと人生」『こころの科学』200　47-50

上野一彦(2008).『図解 よくわかるLD「学習障害」—発達障害を考える・心をつなぐ』ナツメ社

Uno, A., Wydell, T. N., Haruhara, N., et al.(2009). Relationship between Reading/Writing Skills and Cognitive Abilities among Japanese Primary-School Children: Normal Readers versus Poor Readers(dyslexics). *Reading and Writing*, 22, 755-789

Wing, L.(1996). *The Autistic Spectrum: A Guide for Parents and Professionals.* Constable and Company.(ローナ・ウィング(1998).久保紘章・佐々木正美・清水康夫(監訳)『自閉症スペクトル—親と専門家のためのガイドブック』東京書籍)

column | インテグレーションからインクルージョンへ

　現在、通常学級には診断名の有無にかかわらず、学習面や対人関係・社会性などの側面に支援の必要な子どもが数多く存在しています。インクルーシブ教育は、システムの整備よりも現実が先行しており、通常学級の先生方の多くは日々苦戦しておられます。

　ここで、現在の「インクルージョン（包括）」という考え方に至る歴史的な流れを簡単に整理します。流れの源にあるのは、1960年代の北欧に始まった「ノーマライゼーション（正常化する、といった意味）」の運動です。これは、障害者や高齢者が施設や病院などに隔離・分離されることなく、健常者とともに暮らすのが正常な社会の在り方である、とする考え方です。ここから、旧西ドイツやイギリスでは「インテグレーション（統合）」が生まれました。インテグレーションの教育とは、障害児を健常児たちのなかに入れる、という意味です。同じ敷地内に通常学級と特殊教育の学級を設置する、食事や遊びの時間などをともに過ごさせる、通常学級の授業に参加させるといった教育形態です。アメリカでは、「メインストリーミング（主流化）」という語が用いられました。メインストリーミングとは、障害のある子どもの教育の場を、主流である健常児の教育の場に合流させる、一本化する、という意味です。

　インテグレーションやメインストリーミングからインクルージョンという用語に替わったのには、いくつかの理由があります。まず、個別の手立てを用意しないまま統合することは「投げ入れ（ダンピング）」である、という批判があがったことです。また、子どもを障害か健常かという二分法でとらえ、障害児をがんばらせて健常児に合わせる、という考え方であったことです。そして、インテグレーションやメインストリーミングの対象は、比較的軽度の障害の子どもたちに限られていました。

　インクルージョンの考え方では、子ども一人ひとりに個別のニーズがあるとします。インクルーシブ教育の理念の根底にあるのは、1994年に打ち出された「サラマンカ宣言」です。そこでは、特別な教育ニーズのあるすべての子どもを通常学級で受け入れるという、「万人のための教育（Education for All）」が唱えられています。

第**12**章

障害のある子ども・気になる子どもの 保護者への対応

　障害のある子どもの保護者や、発達の気になる子どもの保護者との関係づくりのために、知っておきたい保護者の心理や背景にある事情を理解し、より良い支援につながる方法を学びます。

ワーク12

どうして面談がうまくいかないのだろう？

　小学1年生のリョウくんは、毎日いろいろな問題を起こします。たとえば、毎日何かしらの忘れ物があり、提出物が期日までに提出されたことはありません。他児とも物の貸し借りで譲れなかったり、ルールを守れなかったりしてトラブルが多発しています。トラブルになると顔つきや行動が豹変し、衝動的にそばにある物を投げたり、他児を噛んだりするので、目が離せません。勉強面でもわからないことが多く、宿題もほとんどしてこないため、担任のタナカ先生はほとんど毎日のように放課後の残り勉強をさせていました。

　タナカ先生は、リョウくんのこのような状態に関して保護者と話し合いたいと思い、何度も面談をもちかけました。ところが、保護者（母親）は、面談の約束の時間に来ません。「〇日の午後3時半」という約束でタナカ先生が待っていると、約束の3時半から30分も過ぎた頃に「すみません、先生、今日はどうしても仕事が抜けられないんです」という電話連絡が入ります。また別の日程と時間を調整して待っていると、「あと1時間後に行きます」との連絡があり、タナカ先生は夕方6時頃まで待っていたものの、母親は結局来ませんでした。そういうことが数回あった後、ようやく1回目の面談を実施することができました。しかし、リョウくんの困ったところに関して、「学校の準備は本人に任せていますから。私も忙しくて」「だって、〇〇くんもうちの子の消しゴムをいきなり取ったそうですし」などと、リョウくんの問題に対して、耳を貸さない態度です。

［ワーク12-1］

　リョウくんの母親とタナカ先生との間がうまくいかないのは、どのような理由が
考えられるでしょうか。どのようにしたら、信頼関係をつくることができるでしょうか。

1.　障害やそれを疑われる子どもの保護者との信頼関係づくり

　発達障害の診断名のある子どもや、発達の偏りや弱さのある子どもたち
への支援に際しては、保護者との連携や信頼関係づくりはことさら重要です。
同時に、教師や学校には、そのような保護者自身や家庭に対する支援も求め
られます。しかしながら、それを必要としている保護者であればあるほど信頼
関係づくりは困難になりやすく、教師の悩みがしばしば集中します。ここでは、
何が・なぜ難しいのかを整理し、良い関係を結び子どもの成長につなぐため
の、教師として携えるべき姿勢や考え方を述べます。

　関係づくりの難しさの背景には、次のような原因や事情があります。

　a.インクルージョンに関する期待や思いに、教師と親との間でしば
　　しばズレがある。

　b.親がわが子の障害を受容するプロセスを歩むには長い時がかかり、
　　かつ単純ではないことに関して、教師が思いを寄せることができない。

　c.過去の専門家の配慮に欠く言動やその専門性の低さに対し、親が
　　抱いた不信感や怒りの感情が影響する。

　d.子どもの問題について、教師や学校が一方的に親や家庭に責任を
　　帰すのではないか、という疑いや不安を親がもつため、防衛的になる。

　e.立場の違いや機関の違いによって、親との信頼関係のつくりやすさ
　　やコミュニケーションのスムーズさに違いが生じる。

これらについて、一つひとつ考えます。

1-1 インクルージョンに関する考え方のズレ――保護者の思いを理解する

　子どもに障害がある、もしくはその疑いがある場合、インクルージョンの教育に関する期待に関し、通常学級の教師と保護者との間にある次のようなズレが、両者の関係を難しくする一因となります。

●保護者の思い・期待
　・通常学級のなかで健常の子どもと生活し教育を受けることによって、刺激を受け、伸びていくのではないか。
　・地域の学校に通わせたい。
　・特別支援学校や特別支援学級の教員は、皆、特別支援の専門的な教育をおこなうことができるのか。
　・特別支援教育が始まったのだから、子どもに合わせた教育が通常学級でおこなわれるべきだ。

●教師の思い・事情
　・30人から40人もの子どもがいるのに、ひとりの子どもだけを特別にみることはできない。
　・全国的な学力調査も実施され、学校全体として「学力を伸ばす」ことが大きく期待されているなかで、学力の遅れがちな子どもをていねいにみる余裕がない。
　・少人数のクラスで、子どもに合わせてゆっくりとした教育を受ける方が、学力が伸びる。
　・通常学級では勉強についていけずに自信をなくしたり、周りの子どもたちが援助しすぎたり、子どもも周囲の援助に依存しすぎたりして、自立できない。
　・特別支援の教育を専修して教師となったわけではないので、対応できない。

　保護者と教師の思いのどちらにも、それぞれにうなずける点があります。しかし、教師としては、教師の側の言い分や事情を主張するのではなく、まず、保護者の思いに踏み込んで共感することです。

1-2 障害を認め理解することの困難——長い道のりに寄り添う

1-2-1 子どもの障害を受け入れることは一生にわたることと理解する

　子どもに何らかの診断名がついていたとしても、「保護者が障害を認めたくないようだ」「子どもの実態に向き合わない。見ようとしない。家でやってほしいことをしない」「話になかなか応じてもらえない」などと悩んだり憤りを感じたりする教師は少なくありません。特に、実践がなかなかうまくいかない場合や、子どもをなかなか理解できず適切な手立ての見当もつかない場合など、その原因を「保護者の障害の受容が十分ではないこと」にもっていきがちです。

　しかしながら、障害の受容は数年で完了するものではなく、一生にわたります。障害の内容や重さによっても異なります。[*1]「受容」「認める」といっても、さまざまな意味があります。

　知的障害のある18歳の青年の母親Aさんが、筆者に語ったことばを引いてみましょう。Aさんは、子どもが幼児期から通う特別支援学校の父母会長を務め、たくさんの親たちの良き先輩でもありました。そのAさんが、「障害はもちろんわかっています。もちろん「受け入れて」いますよ。でも、（子どもが）18になっても、明日の朝、目が覚めていたら障害がなくなっているのではないか、という思いは常になくなりません」と、涙ながらに語ったのです。そのことばに、その場にいたほかの10名ほどの親たちも、皆、涙をぬぐいながら「そう、そう」と一様に大きくうなずいていました。このことばや光景からは、障害を「受容する」という事柄が、単線でもなければ、おそらく到達点もない、ということが伝わってきます。

　また子どもの障害は、何か一定の状態や特徴が固定されてあるのではなく、一生を通じて発達とともに変化します。周囲の環境の変化やライフステージの特徴に応じて、表れやすい困難や焦点の当てられ方もさまざまに変わり、新しい問題が生じてきます。保護者はそれに逐一伴走し続けなければなりません。

　障害を受け入れるプロセスに関して、たとえば杉山（2000）は、親が障害を受容する過程を、エリザベス・キューブラー＝ロス[*2]のいう「死の受容」の

表12-1　親が子どもの障害を受け入れる過程

「ショック」→「否認」→「怒り」→「取引」→「抑うつ」→「再起」
ライフサイクルの節目ごとに繰り返しながら深い受容へ
否　認：認めたくない。そのために、ひとつの医療機関で診断を告げられると、別の機関を受診する、いわゆるドクターショッピングをおこなったり、言われたことを歪曲して理解したりする。 怒　り：なぜ、わが子にこのようなことが起こるのかという怒りを周囲に向ける。 取　引：専門機関に通い、訓練や治療に没頭する。障害がなくなるように、何かにすがろうとする。 抑うつ：さまざまな手を打ったがどうしようもない、という無気力な状態に陥る。 再　起：個性として障害を受容する。子どもを尊いと思い、子どもに支えられていることに気づき、子どもなりの成長をめざしてがんばろうと思う。　　　　　出典：杉山(2000)、茂木(2001)を基に筆者が作成

5段階説に重ね、「否認→怒り→取引→抑うつ→受容」の5段階があるといいます。茂木(2001)は、ドローターによる障害受容の段階説「ショック→否認→悲しみと怒り→適応→再起」を紹介しながらも、それは決してすっきりと進行するものではないと述べています。ひとつの段階のなかでも行きつ戻りつしながら、そして「再起」にたどりついたように見えても、進学や就職といったライフサイクルの節目に、また以前と似ているがまったく同じではない葛藤や苦しみを繰り返しながら、より深い受容へと進む、といいます（表12-1）。そして、障害のある子どもを育てるということは、成人を迎えた親が、いったんそれなりに出来上がっているはずの自己に関する認識や価値観などに関して、「自分くずしと自分作りの再構築」をおこなうという大変な作業である、と述べています。

　また、中田(1995)は、障害の受容はゴールへと向かっていく段階のプロセスではなく、「肯定と否定の両面をもつ螺旋状の過程」といいます。

　以上のような諸理論を理解したうえで、しかし、個人差もあり、すべての人が同じではない、ということにも留意します。子どもの障害の内容や重さによる違いだけではありません。個々の家庭の事情はさまざまであり、家族関係や、家族成員それぞれの考え方や価値観、家族を援助する人的・物的環境の豊かさなどによっても、そのプロセスには違いがあります。また、保護者

＊1｜たとえば夏堀(2001)によれば、ダウン症児と自閉症児の親の場合では、ネガティブな心理状態が集中する時期が異なります。芦澤(2001)によれば、LDやその周辺の子どもの親の場合、段階説の枠組みではとらえられない変化が見られます。
＊2｜Elisabeth Kübler＝Ross：精神科医。死を宣告された患者へのインタビューを通して、その心理には、宣告の衝撃から自らの死の受容に向かい、静かな統括の時を迎えるまで、5段階の共通のプロセスがあるということを見出しました。

第12章　障害のある子ども・気になる子どもの保護者への対応　　171

は子どもの障害だけに付き合っているわけではありません。夫婦間の葛藤や、ほかのきょうだいや家族の問題、仕事上・経済的な問題など、さまざまな困難があるはずです。大切なことは、受容のプロセスのあることを踏まえたうえで、その親子を取り巻くリアルな環境や状況を把握し、今、目の前にいる親の思いに共感しようと努めることです。

1-2-2 一生にわたる受容のプロセスの一部において親の成長を支えるという姿勢をもつ

　表12-1のようなプロセスがあるとして、教師がかかわることができるのは、1年間からせいぜい2、3年間、小学校全体としても6年間でしかありません。すなわち、教師が親子と遭遇したときまでに、あるいは遭遇している時間のなかだけで受容を完了させることなど、できるはずもないのです。一生にわたって伴走から降りることのできない保護者に対して、その困難なプロセスのごく一部を支えるに過ぎないという謙虚さをもちつつ、その責務の重要性を認識し、サポートします。

　まずは、「今」が、保護者からみたときにどの段階にあたるのかに思いを寄せながら、保護者を受けとめます。たとえば、保護者がさまざまな医療機関を渡り歩いて「否認」しながら葛藤を乗り越えようとしていたり、教師の話に顔をそむけるというかたちで「怒り」をぶつけたりすることは、避けられないプロセスともいえます。ドクターショッピングはセカンド・オピニオン、サード・オピニオンを聴くという意味もあります。

　「障害を受け入れていない保護者とかかわる」ということは、困った、嘆かわしいことではありません。必要なプロセスに寄り添い、なかなか出口の見えない保護者の葛藤を受けとめる役目を、日々子どもとかかわる教師が引き受けていること、と考えます。日常的にかかわる立場にいる教師だからこそ、その思いを引き取ることができるのです。そして、そのなかで、保護者が学校や専門機関、地域のさまざまな人々とどのようにつながり、その資源をどう上手に利用したら良いかが学べるよう、サポートします。保護者が学校とどのように適切につながることができるかは、教師の側の課題でもあります。

1-3 専門家への不信感や怒りの感情

1-3-1 過去の苦労やマイナスの経験に思いを寄せる

　過去の子育ての道のりのなかで、専門家とのかかわりを通して、保護者の苦労や傷つきが堆積されている可能性にも、十分配慮します。教師との関係づくりの難しさや、「教師からの話をなかなか聞いてもらえない」のは、教師に代表される「専門家」への不信感や警戒感も一因となり得ます。

　園や小学校の教師が障害のある子どもとその保護者に出会うのは、すでに、幼稚園で生後3年以上、小学校では生後6年以上も経過した時点です。そこまでの間に、保護者、特に母親はたくさんの苦労を重ねてきています。そして、そのなかで、医療関係者や、乳幼児健診で出会った医師・保健師・心理士、保育士や教師などの専門家に対して、保護者が不信感や怒りなどのマイナスの感情を抱えている場合があります。そういった心情とは、専門家それ自体に対するものではありません。多くは、専門家に、対人援助という専門性に裏付けられない態度、共感的配慮に欠けた言動があった場合にもつのです。また、「障害に関する正しい知識に欠ける」「問題の「指摘」はするものの実際の生活に活かせる的確なアドバイスがない」「具体的な支援がなされない」といった、専門的力量のレベルの低さが原因であることもあります。たとえば、次の例を考えてください。

●遺伝子疾患があり、知的障害と注意の転導があるために多動なAくん（幼稚園4歳児クラス）

　Aくんは、生まれながらの遺伝子の欠損による心臓その他の疾患があり、ことばの発達も遅く、保護者は、Aくんが0歳代の頃から、病院を受診するたびに医師や心理士に対して発達への不安を訴え続けていました。しかし、その都度「様子を見ましょう」としか言われなかったそうです。ところが、2歳になった頃、主治医から、突然「この子はこの先、特別支援学校を考えなければならないようになる」と言われ、大きなショックを受けました。しかも、「今、どうしたら良いのか」に対する答えも返ってきません。保護者は、同日に病院内の

心理相談に行き、「医師から「知的障害がある」というようなことを告げられた」ことを相談したところ、心理士からは、「まったく心配ないですよ、ゆっくりかかわっていきましょう」と言われただけで、不安はいっそう募るばかりでした。

　Aくんの例では、保護者にとってはショッキングな事柄を淡々と宣告され、保護者への助言や励ましのことばがありません。また、ずっと心配がぬぐいきれずに訴え続けてきた心情に一切の配慮がなかったことに、保護者は打ちのめされたのです。しかも、同日に受けた心理相談では、まったく反対の判断を告げられ、根拠となる発達のアセスメントや、家庭や園での教育への助言、療育の情報提供などもなかったといいます。保護者の動揺をやわらげようという意図であるとしても、安易な気休めがかえって不安をあおり、単なる無責任のようにも受けとめられます。それがいっそう保護者を動揺させてしまうことになったのです。

　Aくんの保護者が受けたような経験は、残念ながら珍しいとはいえません。保護者の見方の偏りや記憶の歪みが入っているとしても、結果としてこのように受けとめられていることには意味があります。

　教師は、今、目の前にいる保護者が、こういったたくさんの苦労を経験されてきたであろうことに思いを寄せます。もちろん、幸せな出来事もあったでしょう。まずは、今までがんばってきたことに敬意を払い、過去の子育ての話を聴きます。マイナスの事柄だけではなく、プラスの経験も聴きます。

　専門家に対する不信感や怒りが感じられた場合は、それが大きければ大きいほど、ことばとして引き出し、しっかり受けとめることが、その後の教師との関係づくりにとってたいへん重要です。過去の「専門家」の行為は自分自身の行為ではないのですが、それを受けとめ、聴きます。また、そのことによって、「そうだったのか」という、教師の、親子に対する共感的な見方や好感も増すはずです。

1-3-2 優れた教育実践による子どもの成長こそが保護者との関係づくりをうながす・家庭を支援する

　そして、教師本来の専門性、すなわち子どもの教育に本来の力を注ぐことです。実践によって子どもが楽しく学校へ通い、成長・発達へと向かうことこそ、教師の役割であり、保護者の信頼をつくりだし、家庭・保護者への支援となり、保護者の障害の受容を支えます。「保護者が障害を認めないから子どもが伸びない」「保護者が障害を認めれば実践が進む」のではなく、「教育実践によって子どもが伸びることで保護者の協力が得られ、信頼関係も結ばれ、障害の理解も進む。保護者への支援が届く」と考えます。特に、障害の疑いのある子どもの保護者や、「子どもの障害をなかなか認めようとしない保護者」であればあるほど、有効です。そして、子どもの成長や保護者からの信頼が増すことは、教師のさらなる実践の質の向上や自信、子どもや保護者への好感や共感にもつながり、三者間の良い双方向の循環を生みます（図12-1）。

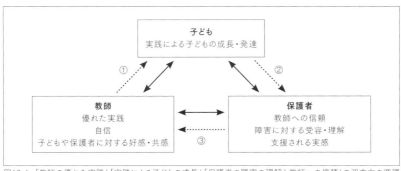

図12-1　「教師の優れた実践」「実践による子どもの成長」「保護者の障害の理解と教師への信頼」の双方向の循環

1-4 保護者・家庭の責任を指摘されることへの防衛 ——保護者は援助チームの一員とみる

　保護者との関係がうまくいかない、コミュニケーションがうまくとれないというとき、保護者に、教師から「子どもの悪いところを一方的に指摘されるのではないか」「親の育て方が悪い、愛情が足りない、といわれるのではない

か」「家庭では到底できないことを要求されるのではないか」などという不安や警戒感があり、防衛的な態度となって表れる場合があります。

　子どもの起こしたトラブルや問題を、保護者に対して、ただ「指摘」するだけでは、良いことは何もないのですが、保護者に「指摘」して「わかってもらう」ことが、問題の解決につながる、と思われがちのようです。また、学校で起こっている子どもの問題の行動の原因を、家庭や親子関係のありかただけに単純に帰してしまう傾向も少なくありません。

　学校での実践の具体的な方針や指導がない、あるいは、子どもの問題像やマイナスのエピソードだけが伝えられることによって、家庭では「どうしてそんなことをしたの！」と、昼間にあったことを延々と繰り返し叱責するばかりのネガティブな関係が積み重なっていくことは珍しくありません。そういうとき、子どもは、学校で何か問題を起こすと「親に知られるかどうか」だけを気にするようになります（第4章1-2参照）。親個人にとっても同様です。特に母親は、子どもが幼少の頃から苦労し、周囲に気兼ねし、親としての自信や自己肯定感が低下している場合がとても多いものです。

　保護者や家庭にのみ努力を求め責任を帰すこと、あるいはそれを感じさせる姿勢をとることは決して良い結果につながりません。目標としたいのは、子どもの育ちです。それは、教師や学校が援助チームの主体として担う課題です。そのなかで、子どもの育ちやそれを妨げている問題を改善するための援助チームの一員として保護者を位置づける、あるいはより効果的な教育実践のために保護者の協力を得る、という確たる姿勢が教師の側にあるとき、保護者の肩の力が抜け、子どもも伸びます。保護者の側からの視点と情報を提供してもらい、ともに考えてもらうことは欠かせません。子どもに関して重要なことは、保護者がいちばんよく知っているからです。また、その際、「子どものマイナスにどうはたらきかけるか」ではなく、「プラスの側面や強みをどう伸ばしていくか」を考えることが保護者の信頼を得るためにも重要です（第6章参照）。

1-5 立場や機関によって関係性が異なる——関連する人々・機関の総体としての支援をめざす

　関係づくりは、保護者の心理的な状況や過去の経験だけではなく、相性や立場、機関の性質の違いによっても左右されます。

　学校のなかでは、担任教師のほか、過去のクラスの担任、コーディネーターの教員、養護教諭、校長などの管理職、専科の教員、主事など、さまざまの立場の教職員がいます。立場が違えば、親が話す内容も緊張度も違ってきます。子どもに対する指導や対応をめぐって、担任教師との間に何らかの齟齬が生じているのであれば解消しなければなりませんが、そうでなくても、なかなかうまくいかないことがあります。そのような場合、担任ひとりで担おうとせず、さまざまの立場の教職員から、保護者との意思が疎通できるようにアプローチします。子どもを担当する当該の教職員ではない人が保護者と気軽な会話をすることで、関係が良くなるきっかけになったりします。

　学校外では、学童保育、児童館、幼児期に通った幼稚園や保育所、医療機関や相談機関、療育機関などの機関があり、そのなかでも多様な人々がかかわっています。学童保育の指導員に大きな信頼が寄せられていたり、相談機関においては本音を語られていたりと、いろいろなケースがあります。ひとつの機関が保護者の心のよりどころとなっているが、別の場には葛藤的な思いを抱かれてしまうような場合もあります。対話への努力をしながらも、ある意味では、それもひとつの役回りであるとして割り切って考えた方が良い場合もあります。

　ライフステージの各々で親子にかかわる機関、そのなかのいろいろな職種・職員が総体としてかかわるなかで、学校や教師がどのような役割を引き受けるのかを俯瞰して考えることができれば、保護者との関係づくりや支援に余裕や見通しがもてます。

2. ワーク12の答え

[ワーク12-1の考え方]

　保護者との信頼関係をつくっていくために、まずは、保護者への対応において大切となる、基本的な姿勢を保ちます（第4章参照）。

　そのうえで、リョウくんの保護者をどのように理解し、どのような対応をすれば良いでしょうか。保護者の態度は防衛的であり、教師への不信感や拒否感が強くうかがわれます。その背景にある事情を考えます。

　リョウくんには、発達の偏りや弱さのあることがうかがわれます。幼児期にすでに発達上の弱さや偏りを指摘されていたり、障害を告知されていたりする可能性も考えられます。そうすると、通常学級から特別支援学級を勧められるのではないかという不安（a.インクルージョンに関する期待や思いに関する教師と親との間のズレ）や、d.子どもの問題について、教師や学校が一方的に親や家庭に責任を帰すのではないかという疑いや不安、障害受容の道のりにかかわる問題（b.親がわが子の障害を受容するプロセス）などがあることが考えられます。

　そして幼児期から、対人関係のうまくいかなさや集団生活上のトラブルが積み重なってきているであろうことも推測できます。それに伴い、保護者が幼稚園・保育所などの教師・保育士との良い関係を経験してこなかったことも考えられ、c.過去の専門家の配慮に欠く言動や、その専門性の低さに対する不信感や怒りを抱かれている可能性にも留意するべきでしょう。

　これらのaからdについて、本章の1に記したような対応を考えます。

　また、学校外のさまざまな機関との連携をはかり、多様な側面からアプローチできるようにします（e）。

[引用・参考文献]

芦澤清音(2001).「LD児及びその周辺児を持つ母親の適応過程」『LD研究』10　48-58

茂木俊彦(2001).「親と先生の共同ですすめる障害児の子育て」全国障害者問題研究会出版部

中田洋二郎(1995).「親の障害の認識と受容に関する考察—受容の段階説と慢性的悲哀」『早稲田心理学年報』27　83-92

夏堀　摂(2001).「就学前期における自閉症児の母親の障害受容過程」『特殊教育学研究』39　11-22

杉山登志郎(2000).『発達障害の豊かな世界』日本評論社

第**13**章

「困った保護者」・不適切な養育環境への対応

　学校や教師に無理難題を要求する「困った保護者」や、貧困や虐待などの不適切な養育環境にある子どもが増えています。「困った保護者」をどのように理解し望ましい関係をつくっていけば良いか、子どもの貧困や児童虐待に対して教師としてどのように対応したら良いかを学びます。

ワーク13

早く寝かせるために、睡眠薬を飲ませました

　小学2年生のダイキくんは、24時間営業の店を経営する父母と5年生の兄の4人家族で暮らしています。家では、朝食は食べないか、菓子パンのような手軽なものを食べ、夕食は、主に店で売れ残ったおかずが食卓にどんと置いてあり、親は不在のところ、兄弟で食べています。お風呂は入らないことが多く、ダイキくんの体からは時折嫌なにおいが漂い、同じ服を何日も続けて着ています。寝るときもパジャマに着替えるという習慣がなく、兄は宿泊行事の際、「持ち物リスト」に「パジャマ」とあったので、担任に「パジャマって何ですか?」とたずねました。

　担任が生活の様子について保護者にたずねたところ、母親は「さあ。お風呂は入っていると思いますけど。パジャマもありますよ」とそっけなく答えたきりでした。社会科見学の日のお弁当や、長期休暇中の学童保育でのお弁当は、ご飯とレトルトカレー1箱、ゆでたそうめんと小瓶入りのつゆ、コンビニのから揚げとポテト、のようなものばかりです。野菜などのたくさんの食材が入った、手の込んだ食事を食べるのは、給食だけのようです。

　放課後は学童保育に行きますが、ダイキくんは家で兄とテレビゲームをしたいので、勝手に帰宅してしまうことが多く、学童保育職員が親に連絡をしても、タイムリーに連絡がとれないとのことでした。家では夜遅くまでゲームをしていて、朝はなかなか起きられず、毎日のように遅刻し、10時頃に登校する

ことすらあります。勉強は苦手で、宿題もほとんどやってきません。授業中は
しょっちゅう居眠りをしています。体育は「疲れる」といって見学することが
多く、休み時間もぼーっとして、テレビゲームのセリフをつぶやき、自由帳に
ゲームの絵を描き続け、ゲームのキャラクターのしぐさをひとりで演じています。

　あるとき、石を学校の窓にぶつけて割ってしまいました。ダイキくんは、
「昨日、（石を投げて窓を割る）ゲームでやったから、やってみようと思った」と
言います。さすがに担任も校長先生も厳しく指導し、保護者にも電話で相談を
申し出ましたが、「学校で起きたことなんだから、学校の管理不行届きじゃ
ないですか！　学校の責任でしょ。仕事があるんだから、そのくらいのことで、
学校に行けません。行くんだったら、その分バイトに支払う賃金を出してく
ださい」という返答でした。

　保護者は2人とも深夜まで仕事があり、早朝には仕事に出てしまうので、
子どもが夜どうしているか、朝学校に行っているかどうか、見ていられないと
言います。担任のヨシダ先生は「早寝・早起きをさせ、最低限、学校には
遅刻しないように」と強く求めました。するとその後、保護者は、「ダイキに睡眠
導入剤を飲ませるようにしましたから」と連絡してきました。

［ワーク13-1］

　ダイキくんの保護者は仕事に追われ、基本的な家庭生活を保つことが
困難です。食事や衛生面の管理など、親として最低限しなければならない
物理的な面のメンテナンスが不足しているばかりではなく、心理的にも子ども
に向き合う余裕がないようです。その結果、学業や、友だち関係を含めた
社会性の発達それ自体に影響が出ています。しかも、トラブルが起こって
も、学校との関係を拒否し、無理難題を言ってきます。学校・教師は、どの
ように対応したら良いでしょうか。

1. 「困った保護者」とは何か

1-1 保護者のありようの変容と「モンスター・ペアレント」

　今、「子育て困難社会」にあり、子どもをめぐる環境は厳しさを増す一方です(序章参照)。そして、社会状況の変化とともに、保護者のありようも変わってきました。地縁・血縁的な支えのない保護者が、子育ての悩みだけではなく、自分の抱えている心の問題や過去の課題の積み残しや、日々のストレスなども教師に向け、その救いを求める傾向が見られるようです。

　しかも、保護者同士のつながりや組織立った関係は面倒なので避けたい、自由でいたい、あるいは、つながりかたがよくわからない保護者も増えているようです。ある学童保育指導員によると、「親としての前に、まず自分を個として受けとめてほしい、「私を見て、見て!」なんですよ。そういう役割を求められていると、日々感じます」「自分や自分の生活が大切だから、保護者会のような集団やその行事は、もはや成り立ちません」と言います。

　1990年代に入って、学校や教師に対して、家庭でおこなうべき子育てのフォローを学校に要求したり、理不尽なクレームをつきつけたりと、無理難題を主張する保護者、いわゆる「モンスター・ペアレント」と称される保護者が出現してきました[*1]。小野田(2006)は、学校という存在が地域や家庭の「対岸」にあって、何かをしてもらう存在として意識される傾向が急速に進んでいるとし、学校への要求を、「要望」「苦情」「イチャモン(無理難題要求)」の3段階に分けています。Benesse教育開発センター(2010)の調査によれば、約95%の教師が保護者からのクレームに苦慮している実態が見られ、「モンスター・ペアレント」は社会現象化しているといえます。

　尾木(2008)は、「モンスターペアレント」と称されるような「困った保護者」を、次の5つに分けています。

[*1] ｜ マスコミに大きく取り上げられたのは2007年です。詳しくは、小野田(2006)参照。

第13章　「困った保護者」・不適切な養育環境への対応　　181

①わが子中心（過保護・過干渉の親）

　「自分の子が挙手した回数を毎日報告してほしい」「わが子が主役の劇をつくりやってほしい」「娘の書道の作品を褒めてほしい」などと主張し、通らないと行事に参加させないなどという手段をとる。

②ネグレクト（育児放棄の親）

　親が自立できない、精神疾患を抱える、などのために、子育てや教育を放棄している。福祉の援助を必要としているケースも珍しくなく、学校とコミュニケーションがとれず、地域でも孤立している場合が多い。

③ノーモラル（倫理・道徳なき親）

　深夜、早朝であっても担任の自宅や携帯に電話をかけてきたり、突然学校にやってきて授業が始まっても平気で話し込んだりする。気に入らないことがあれば、「お客様相談係」に訴えるのと同様な感覚で学校にもダイレクトに苦情をぶつけてくる。

④学校依存（精神的自立を遂げていない親）

　子どもの遅刻指導をすると「私も起きられないので、モーニングコールしてほしい」「毎日の体育着の洗濯が大変。学校で洗濯してもらえませんか」などと家庭でおこなうべき子どもの身辺の世話まで、すべて学校に頼ってくる。

⑤権利主張（権利をはきちがえている親）

　「風邪で休んだ4日間分の給食費を日割りにして払い戻せ」「義務教育では給食は教育活動のはずだから払う必要がない」などと主張する。本来、家庭や地域などでの人間関係のなかで吸収されるべきグチが、コミュニティーに吐露すべき場がないために、学校に向かう。

　このような保護者の出現の背景には、構造改革によるリストラや競争原理の徹底、長引く経済不況など、社会全体が閉塞感を増すなかで、生活面のゆとりを失った保護者が、急速に高まる不満や不安を身近な教師に向けて

いる（小野田、同）との指摘があります。また、尾木（同）は、すぐに何にでもクレームをつける社会風潮が増すなかで、学校選択制などの教育の自由化が、学校（教育実践）を商品化し親を顧客化する傾向を生んだことや、親の高学歴化や塾などの学校外教育の充実によって、学校や教師の権威が失墜したことにも関連がある、と述べています。

視点を変えると、モンスター・ペアレント的な存在とは、森田（2010）のいう、「私事化^{*2}する社会」によって生み出されたともいえるでしょう。すなわち、公的な教育機関に対し、公的な基準には関係なく、私的な事情を持ち込み、私的な関心（「私の子ども」）に基づいて、私益（自分の欲求）を満たそうとするものです。そして、そうした社会変化の中にあって、学校の対応はなかなか追いついていません。

いっぽう、児童虐待の増加や、児童虐待にもつながりやすい貧困や格差の拡大が進んでおり、子どもの健康で文化的な生活を学校や地域でいかに保障していくかも大きな課題です。

1-2 無理難題・クレームを言ってくる保護者への対応

今日、学校における保護者対応の難しさは社会問題化しているともいえ、多くの自治体において、対応マニュアルが作成されています。東京都教育委員会作成のマニュアル（2010）では、2009年の「教育・行政・福祉・病院・歯科・金融・流通・他企業」の8領域の職種別の人々を対象とした調査が紹介され、苦情に対応する教師の受けとめ方の特徴が記載されています。

それによると、「近年、自分の職場では苦情が増えていると思いますか」という質問に対し、「思う」という答えが平均約40％にあるところ、「教育」職では54％にも上り、8職域の答えのなかでトップとなっています。調査結果

＊2｜人間関係や組織に対して適度な距離を置き、自分の私的な領域の世界を確保したいとし、制度や人々の関心の比重の置き方が、公的なものから私的なものへと移っていく（私生活とその中核に位置する「私」へと集中していく）変化。プラスの面としては、集団や組織に呑み込まれず「その人らしさ」を大切にする価値観や人権意識を高めます。マイナスの面としては、公共性や他者に対して無関心になる傾向、公益よりも私益を突出して求める傾向、地域集団や親族などの共同体に引きつけられなくなる現象を生み、解決困難な課題に直面したとき、独力で対処しなければならなくなります（森田、2010）。

全体からは、「教育」職においては、最初から「イチャモン」「クレーマー」と決めてかかり、自分の側にも原因があると認めない傾向があり、「無理難題」として相手の心理や真意を読む余裕をなくしている傾向がある、と述べられています。しかし教師がもともと苦情対応力をもたないのではなく、従来の経験を活かすことができない苦情が増えていること、したがって、対応力（相手の話を聴く力）・組織力を伸ばし情報共有化を進めることによって解決の筋道を立てることは十分可能である、とされています。

　それでは、対応のポイントにはどのようなものがあるでしょうか。まずは、保護者への対応において大切となる、基本的な姿勢を保ちます（第4章参照）。そのうえで、次のような点に配慮します。

1-2-1 「無理難題」ではなく「期待」と受けとめる

　古川（2012）は「保護者の期待の数だけクレームがある。クレームは宝の山と思うこと」と言います。クレームは、極端に非常識な要望の場合もありますが、まずは、教師が気づかない問題点を教えてもらう改善の機会である、と受けとめ、頭から「無理難題」と決めつけないことです。学校や教師が変わるべき問題も含まれているはずです。

1-2-2 保護者の話を聴く・怒りや不信の感情を受けとめる

　保護者の言い分が合理的ではなく正当ではない、と思われても、子どもの親としての思いは正当であるとして、途中で遮らず、じっくり聴きます。「怒り」に対しては「そのような気持ちにさせてしまった」という事態に対して、謝罪します。

　学校や教師に対する怒りや不信などのマイナスの感情は、過去の異なる教師の言動への怒り、乳幼児期に出会った医療関係者や保育者などの専門家への不信や怒りの堆積（第12章参照）、などに由来している場合があります。しかし、怒りや不信といったマイナスの感情は、表出されなければ
<ruby>増悪<rt>ぞうあく</rt></ruby>していきます。ぶつけられることは、むしろチャンス、ととらえ、十分に受けとめ、保護者の立場に立って話を聴きます。このプロセスを経てこそ、次の展開につながります。

また、保護者は、担任・校長・学年主任・養護教諭など、それぞれに対して異なる態度をとることもあります。たとえば養護教諭に対しては信頼を寄せ、担任への強い不信や怒りを訴えるなど。その場合は、すぐに同僚の教職員を弁護したり反論したりせずに、話を聴きます。同時に、保護者の感情に巻き込まれて同調する態度をとらないことも大切です。「とても理不尽だという思いでおられることはよくわかりました」などと、冷静に、かつ、ていねいに対応します。怒りを発せられる役割、それを受けとめる役割など、いろいろな教職員が、そのときに必要なさまざまの「役回り」を引き受け、総体として支援できれば良いと考えます。

1-2-3 共感することが難しい保護者であればあるほど、保護者寄りに立つ

子どもの場合、「指導がうまくいかないときほど、カウンセリングマインドを意識して共感を増やす」ことが対応のポイントです(第1章参照)。保護者の場合も同様です。その言い分に理解や共感が難しいほど、保護者の好ましい部分を見出し、保護者の側に寄る努力をし、保護者の立場から理解するようにします。吉田(2007)は、「相手に好感が持てない場合は、好感の持てる部分をプラスに評価して、相手の言い分を受け入れる」ことを関係づくりの「鉄則」としています。

1-2-4 「イチャモン」の裏に隠れるニーズを理解する

怒りや苦情の裏には、さまざまな事情が隠れています。「困った保護者」は学校・教師からの見方やとらえ方であって、保護者には何らかの事情や理由があります。子育て不安、貧困、自身が被虐待経験をもつ、精神的な疾患や発達障害がある、家族のさまざまな事情、孤立、過去の理不尽な思いの経験などによって、「怒り」というSOSを発して「困っている」のです。その真の願いや思いを冷静に探り、保護者にあるニーズを理解するように努め、学校にできることはないかどうか考えます。

1-2-5 教師の指導やおこなった対応、学校の方針を具体的に説明する・保護者の意見を聴く

日々実際におこなっている指導や実践、実際におこなった対応を具体的に説明します。「学校が隠そうとしている」「学校は親が言わないと対応しない」という印象を与えないこと(古川、同)です。そのうえで、どんな対応を学校や教師に期待していたのか(期待するのか)という保護者の思いや考えを聴きます。保護者を作戦会議の一員として位置づけます(第4章参照)。

1-2-6 ネットワークから外さない

「困った保護者」ほど、地域で孤立し、気軽に相談できる人間関係をもたない傾向があります。かつ、孤立している保護者ほど、サポートを受け付けないこともあります。サポートを受け付けないのは、過去の何らかのマイナスの経験によって素直に受けることができない、あるいは、サポートを受けることによってより傷つく可能性を恐れている、とも考えられます。このような場合は、不安や恐れを取り除くようなはたらきかけをおこなうと同時に、本当に孤立無援になってしまわないようにすることが重要です。

吉田(同)は、保護者本人が拒んだとしても、PTA活動やさまざまな行事などを通じて、連絡網から外さず、声をかけ続けることの重要性を強調しています。保護者の見かけの態度やことばと、本当の願いが一致しているとは限らず、ことば通りに受け取ってネットワークから外してしまうと、わずかに可能性のあったつながりが消失してしまうことにもなりかねません。また、今はサポートを拒否されたとしても、必要であればいつでもサポートを差し出す用意がありますよ、という姿勢を保護者にわかるかたちで示し、伝え続けることが大切です。

1-2-7 組織的に対応する

担任がひとりで抱え込むことなく、情報を共有し、管理職や主任など、関連する教職員との連携を図ります。そして、当面の要望のみに焦点を当てるのではなく、子どものより良い育ちに向け、どのように家庭と協働していくか、の方向で考えます。

2. 児童虐待

2-1 児童虐待の現状

児童虐待[3]には、児童虐待防止法によれば、身体的虐待（殴る、蹴るなどの身体に加えられる暴力）、性的虐待（児童にわいせつな行為をする、させること）、ネグレクト（必要な養育をおこなわずに放置する、食事を与えない、教育を受けさせない教育的ネグレクト、必要な医療を受けさせない医療ネグレクトなど）、心理的虐待（暴言を浴びせる、おびえさせる、子どもの前でDVをするなど）の4つがあります。厚生労働省（2018a）によれば、その数は毎年増加の一途をたどり、2017年度（平成29年度）中に全国210か所の児童相談所が児童虐待相談として対応した件数は133,778件（速報値）で、過去最多となりました。図13-1は、児童相談所が受けた虐待相談の内容別の推移を示したものです。

主な増加要因としては、まず、心理的虐待に係る相談対応件数が増えていることです。2013年度を境として身体的虐待と心理的虐待の件数・割合が逆転して心理的虐待が最多となり、以降、その傾向は強まる一方です。心理的虐待が増加している要因には、虐待の定義や適用範囲の拡大があげられます。児童虐待防止法の一部改正（2004年改正、施行）により、児童が同居する家庭における家族に対する暴力（子どものいる場面でのドメスティック・バイオレンス、いわゆる「面前DV」）が、心理的虐待であると認められました。

＊3｜児童虐待は「チャイルド・マルトリートメント（child maltreatment）、もしくはマルトリートメント」とも呼ばれます。チャイルド・マルトリートメントとは「不適切な養育」という意味で、児童虐待よりも広い概念です。学校や施設などの家庭外でおこなわれるものも含み、虐待とまではいえない、子どもの成長・発達にとって好ましくない養育態度（たとえば親の子どもに対する過保護・過干渉など）全般を含みます。

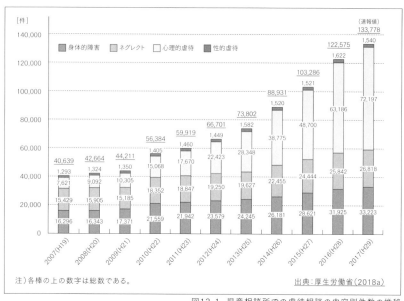

図13-1 児童相談所での虐待相談の内容別件数の推移

また、警察からの通告も年々増加しています。2017年度では2016年度の54,812件から66,055件と、11,243件も増加し、全件数の半数近くにのぼります（厚生労働省、2018a）。その他、2015年より児童相談所全国共通ダイヤル（189、イチハヤク）の運用の開始や、報道などにより、児童虐待への社会的関心や問題意識が高まっていることによる影響もあります。このように、増加の一途をたどる状況の実態は明確ではありませんが、確かにいえることは、養育力の脆弱な家庭を支える社会の仕組みが追いつかない状況にある、ということでしょう。子育て困難社会（序章参照）がどんどん進行していく現代において、子どもと保護者にかかわる教師には、さまざまな困難を抱える家庭を支える対人援助の力がますます求められます。

2-2 虐待を受けた子どもの心理的な特徴

厚生労働省（2007）によれば、虐待を引き起こすリスク要因として、保護者・子ども・養育環境の3つがあります（表13-1）。これらの要因が重なって、

あるいは相互作用しながら生じていると考えられています。

表13-1 虐待に至るおそれのある要因(リスク要因)

保護者側の リスク要因	・妊娠そのものを受容することが困難(望まぬ妊娠、10代の妊娠) ・子どもへの愛着形成が十分におこなわれていない(妊娠中に早産など何らかの問題が発生したことで胎児への受容に影響がある。長期入院) ・マタニティーブルーズや産後うつ病等精神的に不安定な状況 ・元来性格が攻撃的、衝動的 ・医療につながっていない精神障害、知的障害、慢性疾患、アルコール依存、薬物依存 ・被虐待経験 ・育児に対する不安やストレス(保護者が未熟など)　など
子ども側の リスク要因	・乳児期の子ども ・未熟児 ・障害児 ・何らかの育てにくさをもっている子ども　など
養育環境の リスク要因	・未婚を含む単親家庭 ・内縁者や同居人がいる家庭 ・夫婦関係を含め人間関係に問題を抱える家庭 ・転居を繰り返す家庭 ・親族や地域社会から孤立した家庭 ・生計者の失業や転職の繰り返しなど経済不安のある家庭 ・夫婦不和、配偶者からの暴力など不安定な状況にある家庭 ・定期的な健康診査を受診しない　など

出典:厚生労働省(2007)

　虐待を受けた子どもの特異な心理的な特徴には次のようなものがあります(玉井、2007／西澤、2004／杉山、2007など)。

2-2-1 PTSD(心的外傷後ストレス障害)

　強いショックを受け、その体験の後、次のような3つの状態が表れます。

①「思い出したくない」という意識に反してトラウマ(心理的な外傷)となった出来事の記憶が急にフラッシュバックされてよみがえる。

②トラウマとなった出来事に関連することにふれると、その記憶があいまいになったり、感情が湧かなくなったりする。

③周囲の刺激に非常に過敏になり、過覚醒で注意集中ができない状態になる。特に、身体的虐待を受けた子どもには、ADHDに似た多動・過覚醒状態がよく見られる。

第13章　「困った保護者」・不適切な養育環境への対応　　189

PTSDは身体的虐待、性的虐待の場合に多く見られます。また、面前で
DVを目撃した子どもにも、深いトラウマが残ります(友田、2012)。たとえば
ある小学校中学年の子どもは、ADHDと診断されてはいたものの、学校で
は特に大きな不適応はなく、学童保育でもルールを守って他児たちと楽しく
遊んでいました。ところが、ある時期から突然、学校と学童保育で激しい怒
りの感情をひんぱんに噴出させるようになりました。思い通りにならなかった
り、何気なく体に触れられたりすると、周辺にいる人を段打したり、髪の毛を
引きちぎったりするなどの激しい暴力を瞬間的に振るいます。遊んでいるうち
にみるみる興奮し、物を他児たちに投げつけます。そのような様子が出現し
たのは、父母が離婚し、父親との別居・分離後数か月を経た時期でした。父
親による母親への長年のDVがあり、それを目撃していた子どもが、安全な
環境になって数か月を経てPTSDを表出したのです。

2-2-2 虐待的人間関係の再現性

　身体的虐待を受けた子どもは、自分にとって養育者的な立場にある大人
(施設の職員や教師など)に対して、しばしば、わざと怒らせるように挑発的な
言動を発します。リミットテスティング(限界吟味)と呼ばれ、「どこまでやると被虐
待環境が現れるか」を試し、なじみのある環境を再現しようとします。性的
虐待の被害の場合は、性的なふるまいやことばを発したり、性的な色合いの
強い衣服を着たりします(性化行動)。他者と親しい関係を結ぶこと、イコール
性的行動と誤って学習されてしまった結果ですが、そのため、二次的な性
被害に遭う場合もあります。

2-2-3 解離

　記憶・意識・知覚・情動・身体イメージ・運動などをまとめる機能が一時
的に停止され、自分が自分であるという感覚が失われている状態のことで
す(第2章p.33参照)。解離によって、記憶や体験はバラバラに崩れ、意識は
不連続なものとなり、トラウマの記憶が表面的に切り離されます。性的虐待
や身体的虐待の場合に多く見られます。

2-2-4 アタッチメント障害

養育者との安定したアタッチメント[*4]を形成することが妨げられます。そのうち、反応性アタッチメント障害とは、他者に対して無関心で、誰に対しても温かく情愛に満ちた関係を結ぶことができず、心理的に孤立します。脱抑制型対人交流障害とは無差別的に薄い愛着を示します。自分の頼るべき人をはっきりと認識できず、初めて会った人に対しても見さかいなくベタベタします。

2-2-5 感情や感覚の調整の困難

些細なことに対して非常に強い怒りなどの激しい感情を発し、それをことばでは表せずに、行動化（第7章参照）します。たとえば、「何かを落としたよ」と言われただけですさまじい形相になり、相手に向かって手を振り上げ攻撃し、そばにあるものを投げたり、蹴ったりします。

2-3 学校でおこなう支援

児童虐待防止法においては、園・学校の教職員などには、虐待の早期発見の努力義務があると規定されています。また、虐待の事実が必ずしも明らかでなくても児童虐待があったと思われる場合には、通告義務があるとされています。また、同法は、学校の教職員に対して「関係機関との適切な役割分担の下、虐待を受けた子どもをケアする能力を身に付ける」ことを求めています。すなわち、すべての子どもに関与できる唯一のシステムである学校には、第1の支援として何よりも早急な発見・通報が求められます。第2の支援としては、日常生活の場である園・学校だからこそ求められる、現在進行形で虐待を受けていることが見えてきている、あるいは虐待を受けた子どもへの対応です。

---

*4｜アタッチメントとは、特定の対象を安全基地として保護を得て、自身が安心・安全であるということを保障されるメカニズム（ボウルビィ、1991）であり、その後の安定した対人関係や情動発達にとって重要な基礎となります。

被虐待の子どもに対して、学校でおこなう支援には、まず、校内の各部署やスクールカウンセラーやスクールソーシャルワーカー（School Social Worker、以下SSWと記す）[*5]、近隣住民、学童保育、民生児童委員、子ども家庭支援センター[*6]、児童相談所、医療機関、警察、児童養護施設など、関係機関の連携が必須です。そのうえで、学校では次のような事柄に取り組みます（玉井、2007）[*7]。

①子どもの安心感の回復、保護されているという感覚をつくる。学校は安心・安全な場所であることを伝え続ける。失敗しても安心、自己を表しても大丈夫、と子どもが感じられる受容的な雰囲気を教室につくる。他者を困らせる行動に注目するのではなく、当たり前にできていることを肯定的に見る。

②感情コントロールの力を育てる。子どものなかにある怒りや恐怖といった否定的な感情を含めて、周囲から許容されるような方法やことばで気持ちを表現することを教える。コントロールを失ったり、失いそうになったりした場合に、落ち着きを取り戻せる時間をつくり、そのための場所を確保しておく。

③悪い子という自己イメージと恐怖を与える他者というイメージを改善していく。

　また、学校として保護者・家庭を支援する姿勢が求められます。玉井（同）は、虐待が生じる家庭は、往々にして地域においてもトラブルメーカー的にふるまい、地域社会において孤立しており、地域の中核的資源である学校はその役割を自覚し、保護者をケアするという観点が大切である、といいます。そして通告とは、保護者に対する懲罰的な行為ではなく、「親子という関係を救うための行為である」と信じ、対応することの重要性を述べています。

＊5｜教育と福祉の両面に関する専門的な知識や技術を有し、自治体の教育事務所などに配置され、管内の小・中学校を訪問し、問題を抱える児童・生徒が置かれた環境へのはたらきかけ、関係機関などとのネットワークの構築や連携、校内におけるチーム支援体制の構築、保護者や教職員などに対する支援や相談などをおこないます。
＊6｜自治体に置かれ、18歳未満の子どもをもつ子育て家庭の相談に応じ、ショートステイや一時預かりなどの在宅サービスや、ケース援助、サークル支援やボランティア育成などをおこないます。
＊7｜くわしくは、文部科学省の研修教材「児童虐待防止と学校」（http://www.mext.go.jp/component/a_menu/education/detail/__icsFiles/afieldfile/2012/09/28/1280720_9.pdf）を参照してください。

3. 子どもの貧困

3-1 子どもの貧困の実態

　子どもの貧困が広がっています。わが国における貧困とは、その国や地域社会の平均的な生活水準と比較して所得が著しく低く、標準的な生活様式や活動に参加できない状態、すなわち相対的貧困[*8]です。

　相対的貧困率（以下、貧困率と記す）には、いろいろな計算方法があります。日本の場合、OECDの作成基準にならい、貯蓄や不動産などの資産を考慮せず、等価可処分所得（世帯の可処分所得〔収入から税金・社会保険料等を除いた、いわゆる手取り収入〕を世帯人員の平方根で割って調整した所得）の中央値の半分に満たない者の割合で示されます。中央値の半分の値を貧困線と呼びます。このように、貧困かどうかの判定は、ひとつの世帯の構成員は全員同じ状況にあると仮定して、世帯単位でおこなわれます。

　子どもの貧困とは、その国の貧困線未満の所得で暮らす相対的貧困の、17歳以下の子どもの存在、および、その生活状況を指します。子どもの貧困率とは、17歳以下の子ども全体に占める、等価可処分所得が貧困線に満たない子ども（貧困の世帯に属する子ども）の割合であり、子どものみで算出されます。

　厚生労働省（2017）によれば、2012年の日本の社会全体の貧困率は16.1％で、うち、子どもの貧困率は16.3％でした（図13-2）。2012年の一人当たりの等価可処分所得の中央値は全世帯で244万円、貧困線は122万円となるなか、子どもの貧困率が、初めて社会全体の貧困率を上回る事態となりました。2015年の貧困線は同じく122万円ですが、貧困率は 15.7％で、子どもの貧困率も13.9％と改善されています。しかし、17歳以下の子どもの7人に1人が、平均的な所得の半分にも満たない所得の家庭で生活していることに

---

*8｜「絶対的貧困」とは、生存の維持に最低限必要な衣食住が満たされているかどうか、という観点からの定義。経済的な指標だけではなく、「異なる社会や地域の枠組みの中で、人間にとって最も重要な、経済的能力、人間的能力、政治的能力、社会・文化的能力、保護能力の5つの能力が欠如している状態」という定義もあります（JICA、2003）。

なります。日本の貧困率は、OECD加盟国34か国中10番目に高く、加盟国の平均を上回っています(内閣府、2014)。特に、ひとり親家庭の貧困は深刻で、貧困率は50.8％にも上ります。日本のひとり親家庭は大部分(約85％)が母子世帯で、母子世帯の貧困率の高さが、子どもの貧困の課題のひとつといえます。文部科学省(2017)によれば、学用品・学校給食・校外活動費などの費用に対する公的補助である「就学援助」[*9]を受ける公立小・中学生が、2012年度は全体の15.64％に上り、過去最高となりました。2017年度現在で、15.23％の児童生徒が対象となっています。

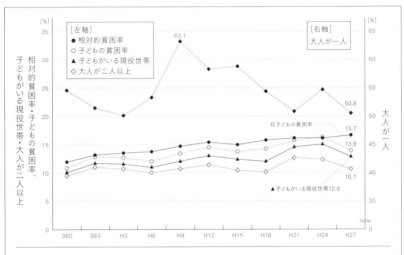

図13-2　日本の相対的貧困率の推移

---

*9 | 学校教育法では、「経済的理由によつて、就学困難と認められる学齢児童又は学齢生徒の保護者に対しては、市町村は、必要な援助を与えなければならない。」(同法第19条)とされています。対象は生活保護世帯の「要保護児童生徒」と、それに準じて生活が苦しい「準要保護児童生徒」で、準要保護は市町村教育委員会がそれぞれの基準で認定します。

3-2 貧困への支援

3-2-1 貧困が子どもの成長・発達にもたらす影響

　子どもの貧困は、経済的な困窮によって、子どもの成長・発達を保障する経済・物質面が不足し、そのことにより、適切な環境と選択肢が制限され（社会的排除）、さまざまな側面にわたって健全な発達が阻害される事態です。その結果、能力や可能性、子どもの幸福（well-being）を追求する自由や権利を「剥奪」されることであり（山村、2015）、「社会によるマルトリートメント」（奥山、2010）ともいえます。

　子どもの成長・発達にもたらす影響には以下のようなものがあります。

　第1に、身体的な発達や健康状態に影響します。健康状態では、医療機関への受診を控える傾向があります（医療ネグレクト）。特に、虫歯などの口腔疾患の罹患率が高く、食生活の質の低下や初期の疾患の放置により蔓延しやすくなります（渡部、2016）。任意予防接種率が低く、保護者（特に母親）の喫煙率が高い（佐藤ら、2016）傾向があります。保護者の喫煙率の高さは、発達初期からの受動喫煙率の高さにつながります。食生活・栄養面に関しては、朝食の欠食、野菜を食べる頻度が少なく、魚・肉の加工品やインスタント麺を食べ、栄養摂取では炭水化物が多く、たんぱく質やビタミン・ミネラルが少ないなどの特徴があり、その背景には経済的な問題と、保護者の食生活に関する知識の不足が指摘されています（村山、2016）。このような、乳幼児期に健康状態が良好に保てず身体的発達が阻害されることは、成人期の健康状態にまでも影響が及び（菅原、2016）、日常生活の維持やさまざまな活動への参加に制約がかかることになります。

　また、発達をうながす社会文化的な経験や、さまざまな人たちとのかかわりが、質的にも量的にも奪われます。大澤（2008）によれば、生活困難層では「絵本の読み聞かせ、おもちゃ、動物園や遊園地に行くなどの余暇活動、お誕生日のプレゼント」などの経験が乏しいといいます。親がゆっくりとかかわる時間も制限されます。その結果、小学校に入学する段階で、すでに発達格差が生じているといいます。小学校に入学すると、義務教育である学校で

過ごす時間は、ある程度家庭の格差が是正されますが、放課後には、体験の格差が生じます。放課後に、体操教室や音楽の稽古事に通うなど、たくさんの社会的参加や教育の機会を与えられるかどうかは、家庭の経済力に直接かかってきます。テレビ・ビデオの視聴やゲーム機で長時間遊ぶといった「放課後の貧困」と称される状況は、階層の低い側でより強い傾向が生じるといいます（久冨、2009）。さらに経済格差は、おやつ代などがかかるため、学童保育にすら入れない子どもを生んでいます（子どもの貧困白書編集委員会、2009）。社会的体験の貧しさは、社会性の発達、認知発達にも影響を及ぼします（菅原、同）。そして経済格差が子どもの学力格差を生むことは、数々の調査研究で示されています（たとえば、お茶の水女子大学、2014）。

　人格発達においては、子どもの主観的幸福感を低め、自尊感情を奪い取ります。自尊感情とは、自分が価値ある存在だと信じられる、自己に対する肯定的感情であり、目標に向かってがんばる、成長へと向かう自己のエネルギー源です。親子ともにうつ状態を抱えやすい、という指摘もあります（杉山、2016）。さらに、生活困難層の子どもは、親以外の大人との社会関係に乏しく、こうなりたいと思うロールモデルが少なく、低い自尊感情とあいまって、未来への展望や期待が失われやすくなり、貧困の連鎖の一因になります。

　また、貧困家庭は保護者の長時間労働などのために社会的つながりから孤立しやすく、貧困のために子どもの養育やケアに手が回らないまま不登校などの教育ネグレクトに陥ったり、いじめの被害に遭いやすくなったり（東京都、2017）、児童虐待を引き起こすひとつのリスク要因になったりします。

3-2-2 貧困への支援

　子どもの貧困対策として、わが国では2013年に「子どもの貧困対策の推進に関する法律」が成立しました。この法律は、子どもや親に対し「教育の支援」「生活の支援」「就労の支援」「経済的支援」の施策を推進するとしています。法律に基づき、2014年に打ち出された「子供の貧困対策に関する大綱」では、具体的な施策が示されています。なかでも、「教育の支援」では、「学校をプラットフォーム[*10]とした貧困対策の推進」として、きめ細かな学習指導に

よる学力保障、SSWの配置の充実、学習支援、「教育費負担の軽減」として幼児教育の無償化に向けた段階的取組などを重点施策としています。

子どもが貧困のなかにあって家庭において適切な養育を受けていない場合、周りの大人が早期に気づくことがまず重要です。そして、園、学校、SSW、子ども家庭支援センター、保健センター、行政の福祉部局、医療機関、地域の民生児童委員、学童保育などが連携し、出来る範囲で家庭環境を立て直していき、孤立しがちな家族をネットワークに入れ、親のストレスや不安を少しでも緩和するような支援をおこないます。

学校においては、学力保障のほか、学級のなかで認められる活動や役割を積極的につくったり、得意な側面を伸ばしたりすることなどによって、子どもの自尊感情や自己肯定感を育てる取り組みが望まれます。集団活動や子ども同士のかかわりを通して、コミュニケーション・スキルなどの社会性を育んでいくことにも留意します。教職員が子どもの思いを聞き取り、受けとめ、子どもにていねいに向き合う存在であることも重要です。地域に、「子ども食堂」[*11]や支援をおこなう特定非営利活動法人（NPO法人）などがあれば連携します。また、学童保育と、高校生まで通うことのできる児童館は、「放課後の貧困」を縮小する貴重な場です。放課後の安心できる居場所となり、多くの遊びや活動、様々な年齢層の子どもたちや職員、家族以外の地域のさまざまな人々とのかかわりを通して、多様な経験や対人関係を広げ、社会性の発達や生活力の向上をうながす取り組みが求められます。

＊10｜子どもと保護者の教育支援や生活支援、高校における就労支援まで含め、学校が関係諸機関と連携しながら支援の「拠点」となることを指します。

＊11｜「地域のボランティアが子どもたちに対し、無料又は安価で栄養のある食事や温かな団らんを提供する取組（子どもに限らず、その他の地域住民を含めて対象とする取組を含みます）」とされています（厚生労働省、2018b）。

4. ワーク13の答え

[ワーク13-1の考え方]

　ダイキくんは、ネグレクトといえる家庭環境にあると考えられます。2-3に記述した機関と連携し、ダイキくんとその兄の養育環境にある事情を探ります。保護者自身が不適切な養育環境で育ったので子育ての方法を知らない、保護者自身が発達障害などの問題を抱える、地域に頼れる人がいない、貧困、家族の問題など、何らかの事情があるはずです。生活のために働くことでいっぱいで子どもの養育にまで十分手が回らない状況があったとしても、保護者の苦労と今までの努力を認めながら、養育環境をできる限り整えていくことに取り組みます。

　また、ダイキくんの状況は、家庭だけの問題ではありません。学校で遊んだり会話をしたりして楽しむ友だちがいないようです。休み時間、テレビゲーム関連の遊びをひとりでおこなっているのは、それしか楽しめる事柄がない、他児とかかわりがもてない、ということによる結果でもあり、そのためテレビゲームにのめり込んでしまうという悪循環になっているものと考えられます。保護者が夜遅くまでテレビゲームをし続けて眠れない（眠らない）子どもに対し、「睡眠導入剤を飲ませる」という対策をとったことに対しては「とんでもない」と批判したくなります。しかし、それも保護者からみれば、できる限りの最善の策なのだと考えます。批判する前に、子どもがテレビゲームに没頭しなくても良い環境をつくっていくことが大切です。

　昨今、発達の偏りや、学習面でのつまずきを抱えている子どもが、学校や学童保育で、テレビゲームの世界に没頭し、会話や遊びがテレビゲームに関連するもので終始しているのを目にすることが少なくありません。学童保育とも連携し、テレビゲーム以外で、ダイキくんが少しでも興味のもてることやできそうなことを見つけ、友だちと楽しく遊べるようにします。特に、体を動かす遊びに取り組みたいものです。そして学級のなかで、ダイキくんのできる役割や活動を振り、共同活動の楽しさや、そのなかで他者に認められる経験をつくり、居場所をつくっていくことも重要です。学習面のわからなさも、ダイキくんの生活に影響していると思われます。ダイキくんのつまずきや得意不得意に合わせ、ていねいに対応することが必要です。

［引用・参考文献］

明石要一（2009）．「地域が提供しなくなった仲間遊びと体験・教育の機会—体験格差を是正する施策を考えよう」『児童心理』63(3)　35-40

Benesse教育研究開発センター（2010）．「第5回学習指導基本調査（小学校・中学校版）」（http://berd.benesse.jp/berd/center/open/report/shidou_kihon5/sc_hon/pdf/data_13.pdf）

J・ボウルビィ（1991）．黒田実郎・大羽蓁・岡田洋子・黒田聖一（訳）『母子関係の理論　Ⅰ愛着行動（新版）』岩崎学術出版社（Bowlby, J.(1982). *Attachment and loss*(*revised edition*). Hogarth Press Ltd.）

古川治（2012）．「学校へのクレームと保護者との関係作り」佐藤晴雄（編）『保護者対応で困ったときに開く本』教育開発研究所

JICA（国際協力事業団）（2003）．「DAC　貧困削減ガイドライン要約」（https://www.jica.go.jp/activities/issues/poverty/pdf/index_01.pdf）

子どもの貧困白書編集委員会（編）（2009）．『子どもの貧困白書』明石書店

厚生労働省（2007）．「子ども虐待対応の手引きの改正について（平成19年1月23日雇児第0123003号厚生労働省雇用均等・児童家庭局総務課長通知）」（http://www.mhlw.go.jp/bunya/kodomo/dv12/02.html）

厚生労働省（2017）．「平成28年国民生活基礎調査の概況」（http://www.mhlw.go.jp/toukei/saikin/hw/k-tyosa/k-tyosa16/dl/03.pdf）

厚生労働省（2018a）．「平成29年度児童相談所での児童虐待相談対応件数（速報値）」（https://www.mhlw.go.jp/content/11901000/000348313.pdf）

厚生労働省（2018b）．「子ども食堂の活動に関する連携・協力の推進及び子ども食堂の運営上留意すべき事項の周知について（通知）」（https://www.mhlw.go.jp/content/000306888.pdf）

久冨善之（2009）．「「子どもの貧困」と放課後」『学童保育研究』10　44-50

文部科学省研修教材「児童虐待防止と学校　第8章　虐待を受けた子どもへの具体的なかかわり」（http://www.mext.go.jp/component/a_menu/education/detail/__icsFiles/afieldfile/2012/09/28/1280720_9.pdf）

文部科学省（2017）．「就学援助実施状況等調査結果」（http://www.mext.go.jp/component/a_menu/education/detail/__icsFiles/afieldfile/2018/02/02/1632483_17_1.pdf）

森田洋司（2010）．『いじめとは何か—教室の問題、社会の問題』中央公論新社

村山伸子（2016）．「子どもの貧困と食生活・栄養」『公衆衛生』80(7)　470-474

内閣府（2014）．「平成26年版子ども・若者白書（全体版）」（http://www8.cao.go.jp/youth/whitepaper/h26honpen/b1_03_03.html）

西澤哲（2004）．「子ども虐待がそだちにもたらすもの」『そだちの科学』2　10-16

お茶の水女子大学（2014）．「平成25年度全国学力・学習状況調査（きめ細かい調査）の結果を活用した学力に影響を与える要因分析に関する調査研究」（http://www.nier.go.jp/13chousakekkahoukoku/kannren_chousa/pdf/hogosha_factorial_experiment.pdf）

尾木直樹（2008）．「アンケート調査報告「モンスターペアレント」の実相」『法政大学キャリアデザイン学部紀要』5　99-113

奥山真紀子（2010）．「マルトリートメント（子ども虐待）と子どものレジリエンス」『学術の動向』15(4)　46-51

小野田正利（2006）．『悲鳴をあげる学校—親の"イチャモン"から"結びあい"へ』旬報社

大澤真平（2008）．「子どもの経験の不平等」『教育福祉研究』14　1-13

佐藤洋一ほか（2016）．「貧困世帯で暮らす小中学生の健康状態と家庭の特徴—外来診療での多施設共同調査より」『日本小児科学会雑誌』120(11)　1664-1670

菅原ますみ(2016).「子どもの発達と貧困」秋田喜代美・小西祐馬・菅原ますみ(編著)『貧困と保育
　—社会と福祉につなぎ、希望をつむぐ』かもがわ出版

杉山登志郎(2007).『子ども虐待という第四の発達障害』学習研究社

杉山登志郎(2016).「診察室からみた子育て困難」『そだちの科学』27　20-24

玉井邦夫(2007).『学校現場で役立つ子ども虐待対応の手引き—子どもと親への対応から専門
　機関との連携まで』明石書店

友田明美(2012).『新版 いやされない傷—児童虐待と傷ついていく脳』診断と治療社

東京都(2017).「子供の生活実態調査［小中高校生等調査］結果の概要(中間のまとめ)」(http://
　www.fukushihoken.metro.tokyo.jp/joho/soshiki/syoushi/syoushi/oshirase/kodomochousa_
　gaiyou.files/290223gaiyou1.pdf)

東京都教育委員会(2010).「教員の苦情のとらえ方の特徴」(http://www.kyoiku.metro.tokyo.
　jp/press/pr100128g/100128_1.pdf)

山村りつ(2015).「子どもの貧困をどう捉えるべきか」埋橋孝文・矢野裕俊(編著)『子どもの貧困／
　不利／困難を考えるI—理論的アプローチと各国の取組み』ミネルヴァ書房

吉田圭吾(2007).『教師のための教育相談の技術』金子書房

渡部 茂(2016).「子どもの貧困と口腔疾患」『公衆衛生』80(7)　481-485

おわりに

　筆者は日頃、大学では教師を志す学生に対して教鞭をとり、園・小学校・学童保育などの現場では、支援を必要とする子どもを対象とするコンサルテーションや、障害や不登校などの個別の相談に携わってきました。それらの活動は、子どもにかかわる方々と共同で丹念に答えを探す作業であり、そこから数多くの事柄を学んできました。そして今、子どもの育ちやそれをめぐる状況が、年々厳しく、複雑さを増しているように思われてなりません。

　育ちに脆弱さを抱える子どもが増えたと指摘されています。そして子どもの問題には、学校現場のソフト面・ハード面での課題、保護者の発達障害や精神疾患、夫婦間のDV、児童虐待、貧困、家庭の孤立などが幾重にも重なって降りかかってきているのが実態です。地域の安全性の急速な低下にともない、放課後の健全な子ども社会を保障するはずの学童保育は、どこもパンパンに膨れ上がっています。しかも、育ちのつまずきや家庭養育問題を抱える子どもであればあるほど、ゲームの世界に浮遊し、ネット空間に身をさらし、人と人とのリアルなつながりや経験をいっそう希薄にしているような傾向が見られます。

　そのような今日的な状況のなかで、学校や教師に対する社会的な期待は増すばかりですが、負荷も大きなものがあります。

　本書の企画が提案されたとき、筆者ひとりでこの膨大な内容をカバーできるのだろうか、そのような不遜なことがはたして許されるものか、と思いました。しかし、今まで、教師や指導員、そして保護者など、子どもにかかわる方々から学ばせていただいたたくさんの事柄、子どもたちに教えてもらったことをまとめる作業であるとして、筆を進めました。そして、「発達の視点」から「教師こそ、教師だから、おこなうことのできる発達支援としての教育相談」を書くことが、今の状況を切り開いていかざるを得ない教師の皆さんにとって、お役に立てるかもしれない、と思うようになりました。

　最後になりましたが、本書の企画から刊行まで、忍耐強くサポートをしていただいた、萌文書林の編集者である松本佳代さんに心より感謝いたします。

［著者紹介］
西本絹子（にしもと きぬこ）

明星大学教育学部教授。臨床発達心理士スーパーバイザー・臨床心理士・学校心理士。子どもの臨床発達心理学、教育現場における臨床発達支援、学童保育におけるインクルーシブ教育の研究を専門とする。臨床では、保育所の障害児保育と学童保育・小学校のコンサルテーションに約30年間携わる。主著に、『理論と実践をつなぐ教育心理学』（共編著、みらい、2019）、『臨床発達支援の専門性』（共編著、ミネルヴァ書房、2018）、『子どもの臨床発達心理学—未来への育ちにつなげる理論と支援』（共著、萌文書林、2018）、『社会性発達支援のユニバーサルデザイン』（分担執筆、金子書房、2013）、『学級と学童保育で行う特別支援教育—発達障害をもつ小学生を支援する』（編著、金子書房、2008）、ほか。

［本文イラスト・装画］上村洋一
［デザイン・DTP］川村格夫＋河原弘太郎

教師のための教育相談 ── 日常から子どもに向き合うインクルーシブな発達支援

2018年11月30日 初版第1刷発行
2024年11月20日 初版第6刷発行

［著者］西本絹子
［発行者］服部直人
［発行所］株式会社 萌文書林
　　　　113-0021 東京都文京区本駒込6-15-11
　　　　TEL: 03-3943-0576　FAX: 03-3943-0567
　　　　https://www.houbun.com/　MAIL: info@houbun.com
［印刷・製本］モリモト印刷株式会社

© Kinuko Nishimoto 2018, Printed in Japan
ISBN 978-4-89347-317-2 C3037

落丁・乱丁本は送料弊社負担でお取り替えいたします。
本書の内容の一部または全部を無断で複写・複製・転記・転載することは、
著作権法上での例外を除き、著作者および出版社の権利の侵害となります。
本書からの複写・複製・転記・転載をご希望の場合はあらかじめ弊社宛に許諾をお求めください。